Luise Holthausen

Bibelrätsel

Luise Holthausen

Bibelrätsel

Geschichten für clevere Spürnasen

Mit Illustrationen
von Sabine Wiemers

PATTLOCH

Bibliografische Information: Deutsche Nationalbibliothek
Die Deutsche Nationalbibliothek verzeichnet diese Publikation in der
Deutschen Nationalbibliografie; detaillierte bibliografische Daten sind im
Internet über http://dnb.d-nb.de abrufbar.

Umschlaggestaltung: ZERO Werbeagentur, München
Satz und Layout: Veronika Preisler
Druck und Bindung: Offizin Andersen Nexö Leipzig GmbH, Zwenkau

ISBN 978-3-629-01484-9

Bitte besuchen Sie uns im Internet: www.pattloch.de

Inhalt

1.
Die Schöpfung

Die kleine Eva hatte der Mutter geholfen, die Tiere im Stall zu füttern. Nun hüpfte sie neben ihr her zum Haus zurück. Am Himmel färbten die letzten Strahlen der Sonne die Wolken rot. Es wurde Abend, aber Eva wollte nicht, dass dieser schöne Tag schon zu Ende ging.

„Geht auch morgen die Sonne wieder auf?", fragte sie. Sie stellte unendlich viele Fragen, von morgens bis abends.

„Jeden Tag geht die Sonne auf", antwortete ihre Mutter. „Solange Gott es will. Er hat Himmel und Erde geschaffen. Das war der Anfang unserer Welt."

„Und was war davor?", fragte Eva wissbegierig.

„Nichts", erwiderte die Mutter. „Nur wüste Leere und Dunkelheit. Aber Gott wollte nicht, dass es so bleibt. Er sagte: ‚Es werde Licht.' Und da wurde es hell. Und Gott gefiel es. Er teilte das Licht und die Dunkelheit und nannte sie Tag und Nacht. So wurde aus Morgen und Abend der erste Tag."

„Und am zweiten Tag?", wollte Eva wissen.

„Da schaute Gott sich um. Er sah, dass die Erde zwar nicht länger finster war, aber noch immer wüst und leer. So sollte es nicht bleiben. Deshalb sagte er: ‚Es soll ein Gewölbe entstehen, das die Wassermassen voneinander trennt.' Dieses Gewölbe nannte er Himmel. Dann sagte er: ‚Das Wasser unter dem Himmel soll zusam-

menfließen.' Und so floss das Wasser zusammen. Das nannte er Meer. Und das Land, das nun trocken lag, das nannte er Erde. Und Gott gefiel es."

„Dann kam der dritte Tag!", rief Eva.

Die Mutter nickte. „Noch immer war die Erde leer, aber so sollte es nicht bleiben. Deshalb sagte Gott am dritten Tag: ,Die Erde soll grün werden.' Er schuf die Blumen, das Gras, die Pflanzen und Bäume. Überall grünte und blühte es, und die Früchte wuchsen. Und Gott gefiel es."

„Und was machte er am vierten Tag?", fragte Eva gespannt.

„Am vierten Tag schuf er unterschiedliche Lichter für Tag und Nacht. Nun konnte man nicht nur Tag und Nacht unterscheiden, sondern auch die Jahreszeiten. Und Gott gefiel es."

„Und was hat er dann noch geschaffen?", fragte Eva.

„Am fünften Tag schuf er die Tiere. Sie wanderten über die Erde, schwammen im Wasser und flogen durch die Lüfte. Und Gott gefiel es. ,Bekommt viele Junge und vermehrt so das Leben auf der Erde', sagte er zu ihnen."

Eva dachte nach. „Jetzt fehlen nur noch die Menschen", stellte sie fest.

„Den Menschen schuf Gott am sechsten Tag – nach seinem Bilde, einen Mann und eine Frau. Den Mann nannte er Adam und der Frau gab er denselben Namen, den du trägst. Und er sagte zu ihnen: ‚Ich vertraue euch die Erde an. Ihr dürft über alles, was auf ihr wächst und lebt, bestimmen. Kümmert euch gut darum.'"

„Und Gott gefiel es", ergänzte Eva.

„Ja, Gott gefiel es. Und dann kam der siebte Tag. Die Schöpfung war vollbracht."

„Wenn er alles geschafft hatte, dann konnte er sich ja jetzt ausruhen", meinte Eva.

Die Mutter lächelte. „Und genau das tat er auch. Er segnete diesen siebten Tag und sagte: ‚Dies ist ein heiliger Tag.'"

Es war in der Zwischenzeit dunkel geworden. Die Geschichte war zu Ende. Eva schaute zufrieden zum Himmel, wo schon die ersten Sterne blinkten. Dann fasste sie die Hand ihrer Mutter und trat mit ihr durch die Tür ins Haus. Sie wusste, morgen würde die Sonne wieder aufgehen und ein neuer schöner Tag beginnen.

Lies in der Bibel die Geschichte von der Erschaffung der Welt im 1. Buch Mose, auch Genesis genannt, die Kapitel 1 und 2!

Rätselfragen:

? Wie hieß nach der Schöpfungsgeschichte die erste Frau auf Erden?

? Am vierten Tag schuf Gott unterschiedliche Lichter für Tag und Nacht. Weißt du, welche das sind?

? Warum ist bei uns der Sonntag ein Ruhetag?

2.
Kain und Abel

Die Sonne brannte vom Himmel. Kain plagte sich neben seinem Vater Adam auf dem Feld ab, um der trockenen, unwirtlichen Erde eine Ernte abzuringen. Ihm war heiß und die Zunge klebte ihm am Gaumen. Wie mühselig diese Arbeit war! Viel lieber hätte er sich um die Schafherde gekümmert, so wie es die Aufgabe seines Bruders Abel war. Da musste man nicht die Hacke in die harte Erde stoßen, wieder und wieder, bis die Muskeln schmerzten.

„Könnte ich nur sagen: ‚Oh ihr Pflanzen, wachst jetzt endlich!' Und alles würde wie von Zauberhand sprießen und gedeihen", stöhnte Kain und wischte sich den Schweiß von der Stirn.

Auch Adam hielt einen Moment inne. „Früher war das so", meinte er versonnen. „Ich habe es selbst erlebt. Auf dem Feld wuchsen keine Disteln. Überall blühte es, und wir brauchten nur die Hand auszustrecken und die Früchte zu pflücken."

„Das muss ein wahres Paradies gewesen sein!"

„Oh ja", stimmte Adam zu. „Es war das Paradies."

„Warum seid ihr nicht dort geblieben?" Ärgerlich dachte Kain, dass ihm dann auch diese ganze Plackerei hier erspart geblieben wäre. Keine Disteln auf dem Feld und eine mühelose Ernte – gegen so ein Leben hätte er nichts einzuwenden gehabt. Wer verließ denn freiwillig so einen schönen Ort?

„Ach, das ist alles lange her. Und sowieso ist es eine lange Geschichte", seufzte Adam.

In diesem Augenblick tönte ein Hilfeschrei vom Haus herüber. Kain und Adam ließen sofort ihre Hacken fallen und rannten los. Im Garten stand Mutter Eva und fuchtelte laut schreiend mit den Armen. „Dieses Ungeheuer, diese widerwärtige, hinterlistige Kreatur! Sogar bis hierher verfolgt sie uns!"

Aufgeregt folgte Kain ihrem Finger und sah eine Schlange, die sich züngelnd auf der Erde wand. „Was meinst du damit? Was hat sie euch angetan?", fragte er.

Doch die Eltern antworteten nicht. Eva wich, immer noch schreiend, vor der Schlange zurück. Adam griff nach einem Stock, um die Schlange damit zu erschlagen. Doch das Tier zischte und verschwand im Gestrüpp.

„Nun ist sie auch noch entkommen", schimpfte Eva. „Und das nach allem, was sie uns angetan hat. Sie ist schuld, sie ist schuld!"

„Wir sind auch schuld", wandte Adam ein. „Es stimmt zwar, sie hat uns verführt, die Frucht vom verbotenen Baum zu essen. Aber wir haben zugelassen, dass sie uns verführt. Wir hätten Nein sagen können."

Kain verstand kein Wort. „Was hat euch die Schlange angetan?", fragt er wieder.

Doch Adam antwortete ebenso wie zuvor auf dem Acker: „Ach, das ist alles lange her. Und sowieso ist es eine lange Geschichte."

Kain wollte erst weiterbohren, doch da trat Abel aus dem Stall. „Was ist denn hier für ein Geschrei?"

Die Mühsal auf dem Feld und der Schreck wegen der

Schlange hatten in Kain viele unterschiedliche Gefühle ausgelöst. Seine Knie waren zittrig, gleichzeitig war er zornig. Da kam ihm sein Bruder gerade recht. „Wo bist du gewesen?", fuhr er ihn an. „Hast du dich schon wieder vor der Arbeit gedrückt?"

Eva sprang ihrem Liebling bei. „Nein, ich habe ihn in den Stall geschickt, damit er sich um die Schafe kümmert."

Natürlich, Abel wurde verteidigt. War das nicht immer so?

Kain achtete ab jetzt genau darauf und sah sich dabei immer wieder bestätigt: Abel wurde ihm vorgezogen. Hatte Abel es nicht viel leichter? Schuftete nicht er, Kain, beinahe Tag und Nacht auf dem Feld und versuchte, diesem trockenen, staubigen, widerspenstigen Boden etwas Ertrag abzupressen? Und ging nicht währenddessen Abel leichten Fußes in den Stall und kümmerte sich ganz locker um ein paar lammfromme Schafe?

Immer weiter steigerte sich Kain in diese Denkweise hinein und sah nur noch, was er sehen wollte. So wuchs zwischen den Brüdern ein tiefer Abgrund aus Neid und Missgunst.

Eines Tages wollten sie beide Gott ein Opfer bringen. Jeder wählte etwas aus seinem Arbeitsbereich und opferte es auf dem Altar. Aber Gott schaute nur auf Abels Opfer und das von Kain beachtete er nicht weiter.

Da verlor Kain vollkommen die Fassung. „Komm mit!", zischte er Abel zu.

„Was willst du denn von mir?", fragte der verwundert.

„Komm mit!", wiederholte Kain. „Ich will dir etwas zeigen."

Abel folgte seinem Bruder ahnungslos. Kain war völlig blindwütig, rote Blitze zuckten vor seinen Augen. Jetzt wollte er es ihm endlich mal heimzahlen! Kaum hatte er Abel weggelockt, schlug er wie ein Verrückter auf ihn ein.

Irgendwann kam Kain wieder zu sich. Vor ihm lag sein Bruder und rührte sich nicht mehr. Was habe ich getan?, dachte er entsetzt und rannte weg.

Da hörte er eine Stimme sagen: „Wo ist dein Bruder?" Es war Gott, der zu ihm sprach.

„Ich weiß es nicht", log Kain. „Bin ich denn sein Aufpasser?"

„Kain, was hast du getan? Du hast deinen eigenen Bruder erschlagen! Deshalb sollst du von nun an als heimatloser Flüchtling über die Erde irren."

„Man wird mich als Brudermörder verfolgen und töten", jammerte Kain verzweifelt.

Aber Gott sprach: „Nein, das wird nicht geschehen! Denn obwohl du solche Schuld auf dich geladen hast, stehst du unter meinem Schutz." Und damit das jeder sehen konnte, schrieb er Kain ein Zeichen auf die Stirn.

Rätselfragen:

? Warum war Eva so wütend und hat die Schlange als hinterlistige Kreatur beschimpft?

? Was haben Kain und Abel als Opfergabe dargebracht?

? Kannst du dir vorstellen, was der Ausdruck „Kainsmal" bis heute für eine Bedeutung hat?

3.
Der Turmbau zu Babel

Der Fremde saß am Tisch und aß die Suppe, die die Mutter ihm aufgefüllt hatte. Die Geschwister drängten sich halb neugierig, halb ängstlich aneinander und linsten durch den Türspalt.

„Er kommt von weit her", flüsterte der Junge seiner Schwester zu. „Vater und Mutter haben ihm für eine Nacht Unterkunft gewährt, damit er sich ausschlafen und satt essen kann, bevor er weiterzieht."

„Kann er uns verstehen?", fragte das Mädchen.

„Nein, bestimmt nicht. Er kommt doch von weit her, da sprechen sie eine andere Sprache."

„Ihr könnt ruhig näher kommen", sagte da der Fremde.

Die Kinder zuckten zusammen. Er sprach zwar ihre Sprache, aber es klang trotzdem anders. Als wären ihm die Wörter ungewohnt. Sein Lächeln jedoch war freundlich und seine Augen gütig. So trauten sich die Geschwister schließlich doch näher und traten langsam in die Stube ein.

„Ihr müsst keine Angst vor mir haben", sagte der Fremde. „Normalerweise spreche ich eine andere Sprache. Aber weil ich ein Reisender bin, habe ich auch eure Sprache gelernt. So kann ich mich mit den Menschen verständigen, die hier leben. Es gab sogar eine Zeit, da sprach alle Welt nur eine einzige Sprache, könnt ihr euch das vorstellen?"

Die Kinder schüttelten den Kopf. „Das kann nicht sein, das habt Ihr erfunden!", platzte der Junge heraus.

„Ich habe es selbst erlebt. Ich kann es euch erzählen", sagte der Mann.

„Ja, erzähl uns eine Geschichte!", rief das Mädchen. Sie hatten jetzt alle Angst verloren, kamen näher und setzten sich sogar zu dem Mann an den Tisch, um seiner Geschichte zu lauschen.

Und der Fremde begann zu erzählen:

„Als ich noch ein kleiner Junge war, ist meine Familie durch die Länder gezogen – genau so wie ich heute. Aber wie ich euch schon gesagt habe, alle Menschen sprachen dieselbe Sprache. Und so konnten wir uns alle gegenseitig verstehen, egal wohin wir kamen. Wir waren viel unterwegs, denn mein Vater trieb Handel. Und so zogen wir immer weiter. Oft waren meine Beine am Abend müde und ich wünschte mir nichts sehnlicher, als dass wir endlich an einem Ort bleiben würden.

Eines Abends machten wir Rast. Ich lag schon im Halbschlaf und mochte keinen Schritt mehr gehen, da hörte ich meinen Vater mit einigen anderen Männern beratschlagen. ‚Hier in Babylon wollen wir bleiben', sagten sie zueinander. ‚Hier wollen wir uns niederlassen und eine Stadt bauen.'

Ich war so glücklich! Endlich würden wir sesshaft werden!

Am nächsten Tag begannen die Männer damit, Häuser zu bauen. Alle sangen bei der Arbeit und freuten sich, nun bald ein festes Dach über dem Kopf zu haben. Ich nahm meine kleine Schwester an der Hand und spazierte mit ihr durch die wachsende Stadt. Überall hörte man Baulärm und Hämmern. Meiner Schwester gefiel das, sie lachte und gluckste. ‚Hoch, hoch‘, sagte sie in ihrer Kleinkindersprache.

Ein paar Männer aber arbeiteten nicht, sondern standen zusammen und beratschlagten. ‚Lasst uns einen Turm bauen‘, sagte der eine.

‚Einen hohen Turm‘, sagte der zweite.

‚Einen so hohen Turm, wie ihn noch nie einer gesehen hat‘, der dritte.

‚Einen Turm, der bis in den Himmel reicht!‘, der vierte.

‚Hoch, hoch!‘, rief meine Schwester wieder.

Ich platzte heraus: ‚Aber so einen hohen Turm kann man nicht bauen, der stürzt doch ein!‘ Denn ich hatte es schon oft beim Spiel erlebt, wie es ist, wenn man viele Steine übereinander stapelt. Wenn es zu viele werden, dann stürzt der ganze Turm ein.

Doch die Männer lachten mich aus: ‚Du hast ja keine Ahnung. Wir kennen uns aus im Turmbau, wir sind wahre Meister. Du wirst staunen! Wir werden diesen Turm nämlich anders bauen als die Häuser.‘

Und nicht nur ich staunte. Auch alle anderen staunten, denn die Männer nahmen Schlamm und Stroh, formten daraus Ziegel und brannten sie in der Sonne. Zwischen diese Ziegelsteine schmierten sie Erdpech als Mörtel. Auf diese Art und Weise wuchs der Turm tatsächlich innerhalb kürzester Zeit in die Höhe. Und er hielt!

Immer mehr Menschen beteiligten sich an der Arbeit. Und am Schluss baute die ganze Stadt an dem Turm. Dieser wuchs und wuchs in schwindelerregende Höhe. Ich musste den Kopf in den Nacken legen, wenn ich seine Spitze noch erkennen wollte. Und meine kleine Schwester sagte immer wieder: ‚Hoch, hoch.‘ Ja, der Turm war hoch. Und wie hoch er war!

Aber er sollte noch höher werden. ,Wir werden berühmt!', schrie der Anführer und die anderen stimmten ein: ,Dieser Turm wird unseren Ruhm in die ganze Welt hinaustragen.'

Mir wurde das unheimlich. Der Turm ragte so hoch in den Himmel, da stieß man doch bestimmt irgendwann an die Himmelspforte?

,Seht ihr Gott?', fragte ich einen der Männer. Er lachte angeberisch und antwortete: ,Oh, wer weiß, vielleicht wachsen wir sogar über ihn hinaus.'

Da zeigte meine Schwester auf den Mann und sagte: ,Gott, Gott.'

,Nein, nein', widersprach ich erschrocken. ,Das ist nicht Gott, das darfst du nicht sagen.' Doch insgeheim dachte ich: Benimmt er sich nicht so, als würde er sich zu einem Gott erheben?

Im selben Augenblick zuckte es am Himmel wie von Wetterleuchten. Ich bekam schreckliche Angst. Ich zupfte den Mann am Arm, um ihn am Weiterbau zu hindern. Wütend wehrte er mich ab und sagte etwas, das höchst seltsam klang. Ich verstand kein Wort. Warum sprach er auf einmal so undeutlich? Jetzt wandte er sich an einen der Arbeiter und erteilte ihm einen Befehl. Aber auch der klang in meinen Ohren nicht viel anders als ,Brabbelbrabbel'. Der Arbeiter antwortete verwirrt – in einer Sprache, die ich auch nicht verstand, und plötzlich redeten alle durcheinander. Es war eine einzige Sprachverwirrung. Keiner verstand mehr den anderen. Es kam zu furchtbaren Missverständnissen. Werkzeug wurde fallen gelassen, Ziegelsteine gingen kaputt, niemand konnte mehr mit einem anderen zusammenarbeiten.

Schließlich gaben die Männer auf. Die Menschen verließen die Stadt und zerstreuten sich in alle Richtungen. Der Turm zerfiel und war bald nur noch eine Ruine. Und ich bin wieder ein Reisender geworden, bis auf den heutigen Tag. Wo auch immer ich hinkomme, begegne ich Menschen, und alle sprechen sie in ihrer eigenen Sprache. Einige habe ich inzwischen gelernt, so wie eure. Aber um sie alle zu lernen, dafür sind es zu viele."

Hier endete die Geschichte des Fremden. Die Geschwister hatten atemlos zugehört. Die Fragen drängten sich auf ihre Lippen und sie riefen durcheinander: „Aber wie konnte das passieren? Warum konnten sich die Menschen auf einmal nicht mehr verstehen? Und warum gibt es heute so viele verschiedene Sprachen?"

Der Fremde lächelte. „Wenn ihr genau zugehört habt, dann könnt ihr euch diese Fragen selbst beantworten."

Rätselfragen:

? Kannst du es erklären? Warum konnten sich die Menschen mit einem Mal nicht mehr verständigen?

? Und wie kommt es, dass der Fremde bei seinen Reisen die Menschen in unterschiedlichen Sprachen sprechen hört, obwohl in seiner Kindheit alle Menschen die gleiche sprachen?

? Kannst du dir unter dem Ausdruck „babylonische Sprachverwirrung" etwas vorstellen?

4.
Josef und seine Brüder

Ruben rannte zum Haus. Es war spät geworden, denn eines der Schafe hatte gerade ein Lamm geboren. Nun war er der Letzte, der ins Haus schlüpfte. Seine Brüder saßen schon bei Tisch. Zu seinem Erstaunen aber stand sein Vater Jakob am Kopfende der Tafel und hielt eine Festrede.

„Josef, mein Sohn, heute ist dein Geburtstag. Du bist nun siebzehn Jahre alt", sprach er feierlich.

Aller Augen richteten sich auf Josef, der am anderen Ende des Tisches seinem Vater genau gegenüber saß.

„Ab heute bist du ein Mann wie deine großen Brüder. Und dies soll dein Geschenk sein."

„Ah! Oh!" Ein Raunen ging durch die Runde, als der Vater Josef einen Mantel überreichte, der in allen Regenbogenfarben schillerte und aus kostbarstem Stoff gewebt war. Josef warf ihn sich über die Schultern. „Was für ein schöner Mantel! Danke, Vater!", sagte er.

Darin sieht er wie ein König aus, schoss es Ruben durch den Kopf. Er wollte schon aufstehen und Josef gratulieren, da murrte neben ihm einer der Brüder: „Als ich siebzehn Jahre alt wurde, habe ich keinen solch kostbaren Mantel geschenkt bekommen."

„Kein Wunder, du heißt ja auch nicht Josef und bist nicht Vaters Liebling", fiel ein anderer ein.

„Jetzt wird er noch eingebildeter werden, als er ohnehin schon ist", ätzte ein dritter.

„Warum eigentlich? Ist er denn etwas Besseres als wir?"

Statt Freude und Feierlaune herrschten nur Missstimmung und dicke Luft. Ruben war das unangenehm. Unter dem Vorwand, sich um das Mutterschaf kümmern zu müssen, stand er vom Tisch auf und lief wieder nach draußen.

Am nächsten Morgen war die Stimmung nicht besser. Die Brüder schimpften und grummelten in einem fort.

„Was ist denn nun schon wieder los?", fragte Ruben verärgert. Würde es denn niemals Frieden in der Familie geben?

„Josef hat heute Nacht wieder einen seiner blöden Träume gehabt", berichtete ihm sein Bruder Gad. „Der passt haargenau zu seinem Angebermantel."

Nun war Ruben doch neugierig. Was hatte der Traum mit dem Mantel zu tun? „Erzähl mal!", meinte er.

„Ach, dieser eingebildete Kerl hat geträumt, wir hätten das Korn auf dem Feld zu Garben gebunden. Seine Garbe richtete sich auf, aber unsere Garben bildeten einen Kreis um ihn und verbeugten sich tief."

Was hatte das zu bedeuten? Und was hatte dieser Traum mit dem Königsmantel zu tun? Ruben schüttelte den Kopf. Das war doch alles verrückt. Er wollte jetzt nicht weiter darüber nachdenken.

Doch am nächsten Morgen hörte Ruben selbst, wie Josef von seinem neusten nächtlichen Traum erzählte: „Ich sah am Himmel die Sonne, den Mond und elf Sterne. Und alle verneigten sich vor mir."

Die Brüder warfen Josef hasserfüllte Blicke zu, trauten sich in Gegenwart des Vaters aber nicht, viel zu sagen. Einige steckten die Köpfe zusammen und tuschelten.

„Komm mit aufs Feld, aber pass auf, dass Josef nichts davon mitbekommt", zischte Gad Ruben zu. „Wir müssen mal reden."

Als dann alle Brüder außer Josef auf dem Feld waren, brach ihr Zorn so richtig los.

„So kann es nicht weitergehen mit diesem Großmaul!"

„Ja, wir sollten ihm mal das Maul so richtig stopfen!"

„Keinen Ton soll er mehr von sich geben!"

So redeten die Brüder immer weiter und steigerten sich in ihren Zorn hinein. Ruben ging das Traumgerede von Josef zwar auch auf die Nerven, aber die Worte seiner Brüder waren ihm unheimlich.

„Nun mal langsam, beruhigt euch doch", versuchte er sie zu besänftigen. „Lasst uns lieber in aller Ruhe überlegen, was wir jetzt tun wollen."

In diesem Augenblick sahen sie ein Leuchten und Schillern, das immer näher kam. Es war Josef in seinem Königsmantel, der über das Feld auf sie zulief.

„Ich weiß, was wir tun", zischte Gad und griff nach seinem Messer. „Jetzt reicht's mir wirklich, ich mach' ihn kalt!"

Ruben fiel ihm in den Arm: „Bist du verrückt geworden? Er ist dein Bruder!"

„Doch, wir bringen ihn um und werfen ihn in einen der ausgetrockneten Brunnen. Und dem Vater sagen wir, ein wildes Tier hätte ihn getötet. Was haltet ihr davon, Brüder?" Auffordernd schaute Gad in die Runde.

„Ja, richtig, das tun wir! Genau so machen wir es!" Jubelnd scharten sich die Brüder um ihn.

Ruben war fassungslos. „Kommt doch zur Vernunft! Er ist unser Bruder!"

„Na und? Er hat uns die Liebe unseres Vaters gestohlen!"

„Ständig wird er bevorzugt."

„Ja, jetzt will er sogar über uns bestimmen!"

Ruben schwirrte der Kopf. Wie kamen sie nur zu all diesen Behauptungen? Aber er merkte, die Brüder waren so blind vor Wut, dass er sie nicht mehr zurückhalten konnte.

„Also gut, meinetwegen werft ihn in den Brunnen und lasst ihn drin liegen", gab er nach. „Aber tut ihm nichts an." Vielleicht konnte er so den Bruder noch retten.

Die Brüder ließen sich das nicht zweimal sagen. Sie stürmten auf den überraschten Josef los, packten ihn, zogen ihm seinen Mantel aus und warfen ihn in den Brunnen.

„He, was soll das, holt mich hier raus!", schrie Josef.

Aber die anderen lachten nur. „Jetzt ist er nicht mehr das Großmaul, das über uns herrschen will."

„Jetzt kann er mal träumen, wie er sich vor uns verneigt!", spottete Gad.

Josef flehte und jammerte weiter. Ruben ertrug es nicht länger. Er ging zu der Weide. Die Schreie seines Bruders verfolgten ihn trotzdem.

Ich werde ihm helfen, beschloss er bei sich. Nachher, wenn die anderen weg sind, werde ich zurückkommen und ihn herausziehen. Dieser Gedanke beruhigte ihn etwas.

Als die Sonne schon tief am Himmel stand, ging Ruben heimlich zu dem Brunnen zurück. Die Brüder waren schon nach Hause gegangen. Alles war still. Auch Josef hatte aufgehört zu jammern. Ob er schon ohnmächtig vor Durst war? Schnell beugte Ruben sich über den Brunnenrand. „Josef, Josef! Was ist los? Wo bist du?", rief er hinunter.

Der Brunnen war leer.

Ruben erstarrte. Was war geschehen? War Josef allein herausgekommen? Nein, das konnte nicht sein. Hatten die Brüder doch ein Einsehen gehabt und Josef selbst wieder herausgezogen?

So schnell ihn seine Füße trugen, rannte Ruben nach Hause. Offensichtlich hatten die Brüder einen Ziegenbock geschlachtet, denn es gab frisches Ziegenfleisch zum Abendessen. Vielleicht zur Feier ihrer Versöhnung?

Aufgeregt betrat Ruben das Haus. Da drang ihm das Wehklagen seines Vaters Jakob entgegen. „Er ist tot! Josef ist tot!" Und er streckte dem entsetzten Ruben Josefs blutigen Königsmantel entgegen.

Rätselfragen:

? Was hat es wohl mit Josefs Traum von Sonne, Mond und den elf Sternen auf sich? Warum sind die Brüder so wütend auf ihn?

? Warum ist der Brunnen leer, als Ruben zurückkommt, um Josef herauszuziehen?

? Woher stammt das Blut auf Josefs Mantel, und warum war Jakob so erschüttert?

5.
Josef, der Traumdeuter

Hier hast du Gesellschaft, Josef." Mit einem höhnischen Lachen stieß der Gefängniswärter zwei Männer in die Zelle hinein, schlug die Tür wieder zu und verriegelte sie. Die beiden kauerten sich gegen die Wand und schauten sich voller Panik um.

Beruhigend sagte der Gefangene: „Ich heiße Josef, und wer seid ihr?"

„Ich bin der Mundschenk des Pharao", antwortete der eine.

„Und ich sein Bäcker", sagte der andere. Er richtete sich langsam auf, seine Lebensgeister schienen zurückzukehren. „Ich soll versucht haben, den Pharao zu vergiften. Aber das stimmt nicht! Das ist eine Lüge! Ich habe nichts getan."

Der Mundschenk sagte nur leise: „Ich war es auch nicht. Und du, Josef, warum bist du hier?"

Der Bäcker unterbrach seine Unschuldsbeteuerungen. „Ja, Josef, warum bist du eigentlich hier?"

„Oh, ich bin schon länger hier. Ich wurde als Sklave an Potifar, den Chef der Leibwache des Pharao, verkauft. Als er merkte, was ich alles kann, hat er mich als Verwalter eingesetzt. Ich hatte ein gutes Leben bei ihm. Aber dann hat sich seine Frau in mich verliebt und wollte mich verführen."

Der Bäcker grinste. „Du Glückspilz! Pontifars Frau ist wirklich sehr schön."

Josef musterte ihn. Meinte er das ernst?

„Aber sie ist die Frau eines anderen. Die Frau meines Chefs. Deswegen bin ich nicht darauf eingegangen. Da war sie beleidigt, hat laut geschrien und dann behauptet, ich wolle ihr Gewalt antun. Das stimmte natürlich nicht. Aber mit diesem Trick hat sie es geschafft, dass ich trotzdem für schuldig gehalten wurde. Alle meine Beteuerungen haben natürlich nichts genutzt. Mir, dem Sklaven, hat keiner geglaubt. Und dann hat man mich ins Gefängnis geworfen."

„Mensch, ist das ungerecht!", regte sich der Bäcker auf.

„Hoffentlich ergeht es uns nicht genauso", merkte der Mundschenk kleinlaut an.

Es wurde Abend. Der Mundschenk und der Bäcker versuchten ein halbwegs bequemes Plätzchen zu finden und schlummerten schließlich auf dem Boden ein. Josef blieb wach. Schon lange hatte er nicht mehr seine Geschichte erzählt. Ja, es stimmte, es war ungerecht, dass er unschuldig hier im Gefängnis saß. Und doch fühlte er sich nicht verlassen.

„Was hältst du wohl noch für mich bereit, mein Herr und Gott?", flüsterte Josef vor sich hin. Dann schlief er ein.

Am Morgen ließ ihn ein Aufschrei hochfahren.

„Was war das für ein schrecklicher Traum!", rief der Bäcker.

„Ich hatte auch einen seltsamen Traum", meinte der Mundschenk schlaftrunken.

Josef rieb sich die Augen. „Wovon hast du denn geträumt?"

„Ich habe den Saft von Weintrauben ausgepresst und dem Pharao zu trinken gegeben."

Josef erklärte: „Das bedeutet, dass du bald freigelassen wirst, denn du bist unschuldig."

„Ich bin auch unschuldig!", rief der Bäcker.

„Und was hast du geträumt?"

„Ich trug drei Körbe auf dem Kopf. Auf dem obersten waren lauter Leckereien, die ich dem Pharao bringen sollte. Aber dann kamen lauter Krähen angeflogen und fraßen alles auf."

Josef zögerte.

„Sag schon, was bedeutet der Traum?", drängte der Bäcker.

Langsam antwortete Josef: „Er bedeutet, dass du in drei Tagen aufgehängt wirst, denn du bist schuldig."

Der Bäcker starrte ihn an. Dann lachte er auf. „So ein Unsinn! Du kannst doch gar keine Träume deuten. Du bist nichts weiter als ein Geschichtenerfinder."

Nach einigen Tagen wurden der Bäcker und der Mundschenk aus dem Gefängnis geholt. Josef erfuhr nicht, was mit ihnen geschah.

Er selbst musste im Gefängnis bleiben. Zwei weitere Jahre vergingen. Doch Josef ließ sich nicht entmutigen. Er lernte lesen und schreiben und wurde so zum Gefängnisschreiber. Dennoch fragte er sich manchmal, was aus ihm werden sollte. Vom Hof hörte er, dass es allen Menschen gut ging. Die Ernte war üppig und sogar die Armen hatten genug zu essen.

Sollte er denn auf ewig unschuldig im Gefängnis sitzen? Hatte Gott ihn doch verlassen?

Da hört er, wie die Gefängnistür geöffnet wurde. Kamen mal wieder neue Gefangene? Josef hatte schon so manchen kommen und gehen sehen. Nur er saß noch immer hier.

Der Aufseher baute sich vor ihm auf. „Komm mit mir. Der Pharao lässt dich rufen", verkündete er.

Josef wurde in die Gemächer des Pharao geführt. Furcht ergriff ihn. Er, der Sklave und Gefangene, sollte vor den Pharao treten. Noch nie hatte Josef ihn gesehen. Nun erschrak er. Der Pharao sah alt aus, blass und übernächtigt, als habe er schon viele Nächte nicht mehr richtig geschlafen.

Müde blickte ihn der alte König von Ägypten an: „Du bist also dieser Josef."

„Ihr habt mich rufen lassen …", antwortete Josef.

Der Pharao neigte den Kopf. „Trink erst einen Schluck", meinte er. Er gab einen Wink und aus dem Schatten trat der Mundschenk, den Josef aus dem Gefängnis kannte. Der reichte ihm einen Becher Saft. „Es ist gekommen, wie du vorausgesagt hast", flüsterte er ihm dabei zu. „Ich wurde freigelassen und der Bäcker wurde aufgehängt." Dann zog er sich wieder in den Schatten zurück.

Verwirrt trank Josef seinen Saft. Was hatte das nur alles zu bedeuten?

„Mein Pharao, warum habt Ihr mich rufen lassen?", setzte er noch einmal an.

Der Pharao seufzte. Er sah aus, als würde er gleich zusammensinken und einschlafen. „Man hat mir berichtet, dass du Träume deuten kannst."

„Wer hat das gesagt?"

Der Pharao machte eine ungeduldige Handbewegung. „Ist es so oder nicht?"

„Nun, was habt Ihr denn für Träume?", fragte Josef vorsichtig.

„Zuerst träumte ich, wie sieben fette Kühe aus dem Fluss stiegen und am Ufer weideten. Da stiegen auch sieben magere Kühe aus dem Fluss, stürzten sich auf die fetten Kühe und verschlangen sie. Und heute träumte ich von sieben vollen, reifen Ähren. Dann sah ich neben diesen fetten, reifen Ähren sieben dürre Ähren empor-wachsen, und die verschlangen die anderen."

Josef schwieg nachdenklich.

„Ich kann nicht mehr schlafen. Ständig peinigen mich diese Träume. Ich verstehe nicht, was sie bedeuten, ob sie überhaupt etwas bedeuten. Aber sie machen mir Angst", stöhnte der Pharao.

Da richtete Josef sich auf und straffte seine Schultern. „Wollt Ihr wirklich wissen, was sie bedeuten? Wollt Ihr wissen, was Ihr tun sollt?"

„Ja, das will ich! Egal, was es ist, ich will es tun. Wenn nur endlich diese Träume aufhören und ich wieder ru-hig schlafen kann."

„Dann baut große Speicher", erklärte Josef eindringlich. „Legt Vorräte an, so viele, dass wir auch in sieben Jahren noch genug für sieben weitere Jahre zu essen haben."

Der Pharao blinzelte verwirrt. Es war offensichtlich, dass er Josefs Worte nicht verstand. Trotzdem folgte er seinem Rat. Und viel später merkte er, dass er gut daran getan hatte.

Rätselfragen:

? Verstehst du Josefs Ratschlag? Warum sagt er zum Pharao, er solle Speicher bauen und Vorräte anlegen?

? Wer hat dem Pharao den Tipp gegeben, dass Josef Träume deuten kann?

? Was geschah mit Josef, nachdem er die Träume des Pharao gedeutet hatte?

6.
Das Goldene Kalb

Aaron stand am Fuß des mächtigen Gebirges. Schroff ragte der Berg Sinai vor ihm in den Himmel. Irgendwo dort oben musste sich sein Bruder Moses befinden, seit vierzehn Tagen war er schon fort. Ehrfürchtig dachte Aaron daran, wie Gott ihnen erschienen war, verhüllt in Wolken, mit Blitz und Donner. Er hatte Moses zu sich auf den Berg gerufen. Nun war der Himmel wieder klar und wolkenlos, und die Sonne brannte auf sie nieder, Tag für Tag.

Aber Moses kehrte nicht zurück.

Ein Mann aus dem Volk war neben Aaron getreten und sprach den Gedanken aus, der Aaron schon die ganze Zeit quälte: „Wo er nur bleibt?"

„Ich weiß es auch nicht", antwortete Aaron ratlos. „Aber wir dürfen den Mut nicht verlieren. Wir müssen weiter warten und dabei auf Gott vertrauen."

„Warten, immer nur warten, immer weiter warten!", murrte der Mann. „Wenn wir hier noch länger herumsitzen, brennt uns die Sonne das Hirn aus dem Schädel. Lass uns selbst auf den Berg gehen. Lass uns nachsehen, was dort oben passiert."

Aaron erschrak. „Nein, nein, das dürfen wir nicht!"

„Aber die Leute werden unruhig. Bald werden sie sich nicht mehr zurückhalten lassen."

Aaron war zutiefst beunruhigt. Er musste unbedingt verhindern, dass jemand aus dem Volk Moses folgte und ebenfalls auf den Berg stieg. Gott selbst hatte es ihnen doch verboten! In der Wolke verborgen, hatte er sich ihnen genähert und versprochen, Moses dürfe ihn zu Gesicht bekommen. Aber nur Moses und niemand sonst!

Aaron sprach mit den Leuten aus dem Volk, aber es gelang ihm nur mühsam, sie zu beruhigen. Tag für Tag stand er am Fuß des Berges und schaute hinauf, mit der bangen Frage im Herzen, wann Moses wohl endlich wiederkäme. Und Tag für Tag wiederholte sich das Gespräch, stand jemand neben ihm und fragte nach Moses. Immer unruhiger wurden die Menschen. Immer wieder beschwor Aaron sie, auf Gott zu vertrauen und Geduld zu haben.

Doch nach zehn weiteren Tagen sagte einer: „Bestimmt lebt Moses gar nicht mehr."

Ein Tumult brach los.

„Wir sind verloren!"

„Wer wird uns nun beschützen?"

„Wer uns vor Unheil bewahren?"

„Wo ist unser Gott?"

So jammerten und klagten die Menschen. Aaron wusste nicht, was er tun sollte. Immer weiter steigerten sie sich in ihre Ängste hinein. Einer wandte sich schließlich an ihn: „Aaron, mach uns ein Götterbild, zu dem wir beten können, einen Schutzgott. Dann wissen wir endlich, da ist jemand, der uns beschützt und uns hilft."

War das die Lösung? Würde das die Menschen beruhigen? Aaron hatte kein gutes Gefühl bei der Sache. Er schüttelte den Kopf. Sie konnten sich doch kein Götzenbild bauen!

Sechs Tage konnte er noch standhaft bleiben. Doch als Moses dann immer noch nicht zurückgekehrt war, gab

er schließlich nach. „Also gut, gebt euren Schmuck ab, sammelt ihn ein!", bestimmte er. „Wir schmelzen das Gold und machen daraus ein Götterbild."

Sofort brach hektische Betriebsamkeit aus. Die Menschen waren so froh, endlich etwas tun zu können. Sie rafften allen Schmuck zusammen, den sie hatten, dann schmolzen sie das Gold und formten daraus ein Kalb.

„Das ist es! Das ist unser Gott!" Sie fielen auf die Knie nieder, hoben die Hände, um das Kalb anzubeten. Dann standen sie wieder auf, jubelten und tanzten sich in einen Rausch. „Unser Gott, unser Gott, das ist unser Gott!", sangen sie. Und: „Gold, Gold, das Gold ist unser Gott!"

Zehn Tage und Nächte tanzten und sangen sie so fast ohne Unterbrechung. Dann fiel auf einmal ein Schatten auf sie. Nach und nach verstummten die Menschen. Einer nach dem anderen drehte den Kopf und erstarrte.

Moses stand vor ihnen. In den Händen trug er zwei schwere Steintafeln. In die waren Zahlen und eine geheimnisvolle Schrift eingraviert.

„Was habt ihr getan?", rief er entsetzt. „Ich bin für euch auf den Berg gestiegen, um mir Anweisungen von Gott geben zu lassen. Und ihr habt inzwischen nichts Besseres zu tun, als euch einen Götzen zu erschaffen und darüber euren Gott zu vergessen? Dafür wird er euch strafen!"

Und vor lauter Zorn und Verzweiflung hob Moses die Steintafeln hoch und zerschmetterte sie am Fuß des Berges. Das Standbild des Goldenen Kalbs warf er ins Feuer.

Rätselfragen:

? Wie lange war Moses auf dem Berg Sinai?

? Was bringt Moses vom Berg zurück? Was steht auf den Steintafeln?

? Was könnte heutzutage damit gemeint sein, wenn man vom „Tanz um das Goldene Kalb" spricht?

7.
David besiegt Goliath

David, der Sohn Isais aus Betlehem, hockte auf der Wiese und sah den Schafen beim Weiden zu. In der Hand wog er die Steinschleuder, mit der er seine Herde vor wilden Tieren beschützte. Aber heute sah alles friedlich aus, der blaue Himmel, die summenden Bienen, die weidenden Schafe.

Trotzdem war David das Herz schwer. Denn es herrschte Krieg zwischen Israel und den Philistern und drei seiner sieben Brüder waren an der Front. Seit vierzig Tagen standen sich die beiden feindlichen Heere nun schon im Eichengrund gegenüber und belagerten sich.

„David!", hörte er da jemanden rufen. Ein Hirtenjunge kam über die Wiese gelaufen. „David, du sollst zu deinem Vater kommen, er hat einen Auftrag für dich."

David sprang auf. „Gut, hüte du inzwischen die Schafe." Aufgeregt rannte er nach Hause. Was der Vater wohl von ihm wollte? Schon lange hatte David den großen Wunsch, seinen Brüdern im Kampf gegen die Philister beistehen zu dürfen. Bisher hatten immer alle gesagt, er sei noch viel zu jung dafür. Aber vielleicht würde der Vater es ihm nun doch erlauben?

Als David atemlos zu Hause ankam, erwartete Isai ihn schon draußen vor der Tür. Neben ihm stand ein schwer bepackter Esel.

„Geh zu deinen Brüdern ins Lager und bringe ihnen diese Vorräte, einen Sack mit gerösteten Körnern und zehn Brote", sagte er zu David. „Die zehn Käse sind für den Hauptmann."

Zuerst war David enttäuscht. Er sollte also nur einen Botengang machen. Aber dann freute er sich doch darauf, seine Brüder wiederzusehen.

Als David im Lager ankam, herrschte dort hektisches Treiben. Das Heer rückte gerade aus. David schlug das Herz bis zum Halse. Wo waren seine Brüder? Geduckt schlüpfte er zwischen den Soldaten hindurch, bis er seinen ältesten Bruder an vorderster Front entdeckte.

„Eliab!", rief er.

Eliab fuhr herum. „Was tust du denn hier?", fragte er ärgerlich. „Solltest du nicht zu Hause sein und unsere Schafe hüten? Stattdessen schleichst du dich hierher, um ein bisschen dem Krieg zuzusehen. Das ist gefährlich!"

Bevor David antworten konnte, kam Bewegung in die Reihen der Feinde und ein Mann trat hervor. David riss die Augen auf. Noch nie zuvor hatte er einen so riesigen Menschen gesehen! Er war über drei Meter groß und sein Schuppenpanzer aus Bronze wog bestimmt mehr als alle Schafe aus Davids Herde zusammen.

„Schickt mir einen Mann, damit wir miteinander kämpfen!", schrie der Riese.

So furchterregend wirkte er, dass sogar die Soldaten vor ihm zurückwichen.

„Wer ist das?", flüsterte David seinem Bruder zu.

„Das ist Goliath", berichtete Eliab. „Seit vierzig Tagen fordert er uns nun schon so heraus, jeden Morgen und jeden Abend. Wir sollen einen Mann auswählen, der gegen ihn kämpft. Wenn dieser Mann ihn besiegt, dann werden die Philister unsere Sklaven sein. Wenn aber

Goliath unseren Mann besiegt, dann müssen wir ab sofort alle den Philistern dienen."

„Und wen habt ihr ausgewählt?", fragte David.

„Niemanden!", rief Eliab. „Denn niemand kann Goliath besiegen. Sieh dir dieses Ungeheuer doch an!"

Und David schaute. Ganz genau musterte er den Riesen. Dann stieß er hervor: „Ich werde gegen ihn kämpfen!"

„Du? Rede keinen Unsinn. Du bist ja noch ein Kind."

„Doch, ich kann das", beteuerte David. „Ich habe auch unsere Schafherde immer vor wilden Tieren beschützt. Einem Löwen habe ich sogar das Lamm aus dem Maul geholt, das er fressen wollte! Wenn ich so etwas kann, dann kann ich auch Goliath besiegen. Gott wird mich beschützen!"

Auch König Saul, der das Heer befehligte, hörte Davids Worte. Er erlaubte David, gegen Goliath anzutreten, und zog ihm zum Schutz seine eigene Rüstung an. Aber David konnte sich kaum auf den Beinen halten, so schwer war sie.

„Damit kann ich nicht kämpfen", sagte er. Er zog die Rüstung wieder aus und ging zum Bachbett hinunter. Dann war er bereit. Schutzlos, ohne Helm, ohne Panzerung und ohne Schild, stellte er sich dem Riesen entgegen.

Goliath brach in schallendes Gelächter aus, als er ihn sah. „Habt ihr keinen anderen gefunden als diesen armseligen kleinen Jungen? Den erledige ich doch mit links."

Aber David wich keinen Schritt zurück. „Du kommst zu mir mit Schwert und Schild, ich aber komme zu dir im Namen des Herrn!" Er hob den Arm und …

Im nächsten Moment stürzte Goliath wie ein gefällter Baum zu Boden und rührte sich nicht mehr.

Davids Bruder Eliab und alle anderen rannten herbei und schrien aufgeregt durcheinander: „Goliath ist besiegt! Aber wie konnte das geschehen? Wie hat der Junge das gemacht?"

Rätselfragen:

? Kannst du die Frage Eliabs und der Soldaten beantworten? Womit hat David den Riesen Goliath besiegt?

? Wie ist David an seine Waffe gekommen?

? Weißt du, für welche Situationen man noch heute den Ausdruck „David gegen Goliath" verwendet?

8.
Jesus wird geboren

Die Herberge war völlig überfüllt. Sarah schien es, als seien noch nie so viele Menschen hier gewesen. So klein sie war, sie musste mit anpacken. Heute wurde jede helfende Hand gebraucht.

„Sarah, zeig den Gästen den Weg zu ihrer Kammer", wies der Vater sie an, und „Sarah, bring dem Herrn dort einen Krug mit Wein", bestimmte die Mutter. Und Sarah rannte hierhin und dorthin, ihre Beine wurden schwer und sie sehnte sich danach, endlich ins Bett gehen zu dürfen.

Um sie herum herrschte Stimmengewirr und sie hörte Gespräche, die sie nicht so recht verstand. „Ich musste hierher nach Betlehem kommen, hier bin ich geboren." – „Und ich muss noch nach Nazaret, das ist verflucht weit weg." – „So ist das eben, wenn der Kaiser mal wieder Geld braucht. Dann lässt er sein Volk zählen und treibt neue Steuern ein."

Sarah schwirrte der Kopf. Was sollte dieses Gerede von Steuern und Geburtsorten? Sie war so müde! Und immer noch kamen Gäste, die nach einem Quartier fragten.

Da klopfte es schon wieder an der Tür. Doch in der Gaststube herrschte ein solcher Lärm, dass es niemand außer Sarah zu hören schien. Sollte sie öffnen?

Erneut pochte es.

Sarah zupfte den Vater am Ärmel. „Da draußen steht jemand."

„Wer kommt denn jetzt noch?", rief der Vater ärgerlich. „Es ist doch sowieso schon alles voll."

Er ging zur Tür und öffnete. Sarah drängte sich neben ihn. Im Lichtschein von Vaters Laterne erblickte sie einen erschöpft aussehenden Mann, der einen Esel mit sich führte. Auf dem Esel saß eine Frau.

„Seid gegrüßt, Herr Wirt. Ich bin Josef aus Nazaret und das ist meine Frau Maria", stellte der Fremde sich vor. „Habt Ihr noch Platz für uns?"

„Nein, tut mir leid, bei uns ist alles belegt, ihr kommt zu spät", antwortete Sarahs Vater barsch.

Die Frau Maria glitt vom Esel und jetzt sah Sarah ihren dicken Bauch.

„Ich erwarte ein Kind", sagte Maria. „Den ganzen Tag waren wir unterwegs, um nach Betlehem zu kommen, und nun kann ich nicht mehr. Keiner will uns aufnehmen, alle Herbergen sind voll. Bitte, lasst uns hier wenigstens etwas ausruhen."

Maria tat Sarah furchtbar leid. Sie selbst war ja schon so müde, wie musste es da erst sein, wenn man einen dicken Bauch mit sich herumschleppte.

Und auch der Vater hatte Mitleid, das sah Sarah deutlich. So ruppig er manchmal tat, in Wahrheit hatte er ein gutes Herz. Doch er konnte Maria und Josef nicht helfen. „Ich würde euch gern einen Platz anbieten, aber hier ist jeder Winkel besetzt", meinte er bedauernd.

Da kam Sarah eine Idee. Wieder zupfte sie den Vater am Ärmel. „Der Stall", flüsterte sie.

„Was sagst du?", fragte der Vater.

„Im Stall ist noch Platz."

„Du kannst doch eine hochschwangere Frau nicht in einen Stall zu den Tieren pferchen!"

„Besser im Stall bei den Tieren als weiterzuziehen", sagte Josef. Und Maria nickte dazu mit dem Kopf.

„Nun gut", meinte der Vater. „Sarah, zeige ihnen den Weg und bringe ihnen Decken und etwas zu essen."

Sarah nahm die Laterne und ging voraus zum Stall. Josef und Maria folgten ihr mit dem Esel. Maria schleppte sich nur noch mit Mühe vorwärts. Im Stall sank sie mit schmerzverzerrtem Gesicht ins Stroh nieder.

„Ich hole Euch etwas zur Stärkung, dann wird es Euch bald besser gehen", versicherte Sarah. Sie lief zur Gaststube zurück, um Brot, Käse und einen großen Krug Wasser zu holen. Doch sie war selbst todmüde. Ich möchte nur einen Moment ausruhen, dachte sie und hockte sich auf einen freien Platz auf einer Bank. Die Augen fielen ihr zu und ihr Kopf sank nach vorn.

Als sie erschrocken hochfuhr, war es in der Gaststube schon viel ruhiger geworden. Die meisten Gäste hatten sich bereits in ihre Zimmer zurückgezogen. Und Maria und Josef hatten noch immer nichts zu essen. Durch ihre Schuld!

Sarah kam auf die Beine und griff das Essen und den Wasserkrug. Weil sie nicht so viel auf einmal tragen konnte, ließ sie die Laterne im Wirtsraum stehen und stolperte im Dunkeln hinüber zum Stall. Seltsam, sie konnte trotzdem wunderbar sehen, als sei es noch gar nicht richtig Nacht. Ein heller Schein ging vom Stall aus.

Leise öffnete sie die Stalltür. Hatten die Gäste eine Laterne angezündet? Hatten sie überhaupt eine dabei gehabt? Dann hörte sie ein Baby schreien. Das Kind war schon geboren! Sarah stürzte in den Stall.

Inmitten der Tiere lag das Neugeborene in einer Futterkrippe, gewickelt in Lumpen, und daneben saßen Maria

und Josef und sahen sehr glücklich aus. Über der ganzen Familie schien ein besonderer Glanz zu liegen.

„Das Kind ist da, es ist geboren", flüsterte Sarah.

Von draußen drang Licht in den Stall, als ginge schon die Sonne auf. Sarah öffnete die Stalltür einen Spalt und linste hinaus. Einen Moment musste sie geblendet die Augen schließen. Da oben am Himmel leuchtete ein heller Stern, den sie noch nie zuvor gesehen hatte.

Und plötzlich sah sie auch eine Gruppe von Männern den Weg heraufkommen. Hunde sprangen um sie und die Schafe herum, die sie begleiteten. „Ist hier das neugeborene Kind?", riefen die Männer Sarah zu.

Sarah zuckte zusammen. Woher wussten die Männer von dem Kind? Was wollten sie von ihm?

„Bleibt stehen!", stieß sie hervor. Aber die Männer hörten nicht auf sie. Schon gingen sie auf den Stall zu. Und sie war zu klein, um sie aufzuhalten. Hilflos musste Sarah ansehen, wie diese wild aussehenden Gesellen auf Maria und Josef und ihr neugeborenes Kind zutraten.

Sie werden ihnen doch nichts Böses tun, dachte Sarah entsetzt und kniff die Augen zusammen.

Um sie wurde es still. Nicht einmal ein Hund winselte. Vorsichtig blinzelte sie. Dann riss sie vor Erstaunen die Augen auf.

Die Männer waren vor der Krippe auf die Knie gesunken und sprachen: „Wir sind gekommen, um uns vor dir zu verneigen und dich anzubeten. Denn du bist Gottes Sohn, unser Retter, der uns von allen Sünden befreit."

Rätselfragen:

? Warum sind so viele Menschen unterwegs und warum sind auch Josef und Maria von Nazaret nach Betlehem gereist?

? Wer hat den Hirten von der Geburt Jesu erzählt und ihnen gesagt, dass sie zu ihm gehen sollen?

? Wie haben die Hirten den Stall gefunden?

9.
Johannes der Täufer

Jeden Morgen zogen Josef und Jesus los, um ihrer Arbeit auf der Baustelle nachzugehen. Maria machte ihnen das Frühstück, dann sammelten sie ihr Werkzeug zusammen, das sie für ihre Arbeit am Dachstuhl brauchten, und brachen auf.

„Bis heute Abend", rief Maria ihnen nach. „Passt auf euch auf!"

Die beiden nickten und winkten ihr zu. Sie waren schon zu weit, als dass Maria ihren Gesichtsausdruck hätte sehen können, aber sie wusste genau, was sie jetzt zueinander sagten: „Immer muss sie sich Sorgen machen."

Ja, sie machte sich Sorgen. Jede Mutter sorgt sich um ihr Kind, doch bei ihr war es besonders schlimm. Aber war das ein Wunder bei allem, was sie schon erlebt hatten?

Allein dieser schreckliche Traum damals, als Jesus noch ein Baby gewesen war. Ein Engel war Josef erschienen und hatte ihn gewarnt: „Dein Sohn, von dem alle sagen, er wird eines Tages König von Israel werden, ist in Gefahr. Nimm ihn und flieh nach Ägypten. König Herodes will ihn töten!"

Sie hatten es getan. Sie waren damals Hals über Kopf nach Ägypten geflohen und hatten Jesus dadurch das Leben gerettet. Denn Herodes wütete derweil in der Heimat und mordete die kleinen Kinder. Erst als er tot war, wagten sich Maria und Josef mit Jesus wieder nach Hause.

Aber die Sorgen wurden nicht weniger. Später einmal, Jesus war gerade mal zwölf Jahre alt, blieb er auf einer Reise nach Jerusalem ohne ihr Wissen dort drei Tage lang verschwunden und diskutierte mit Schriftgelehrten. Und auch wenn er nur zur Arbeit ging, machte Maria sich Gedanken um ihn. Wie leicht konnte etwas passieren! Ein Fehltritt, ein Moment der Unachtsamkeit und er könnte vom Dach stürzen.

Normalerweise konnte Maria sich tagsüber gut mit ihrer Hausarbeit ablenken, aber heute verspürte sie eine besondere Unruhe. Immer wieder trat sie nach draußen, prüfte den Sonnenstand. Wurde es nicht langsam Zeit, dass Josef und Jesus nach Hause kamen?

Endlich sah sie die beiden in der Ferne. Ein Glück, es war nichts passiert! Rasch lief sie ins Haus und deckte den Tisch für das Abendessen.

Gemeinsam saßen sie am Tisch und aßen. Josef erzählte von ihrem Tagwerk auf der Baustelle. Da sagte Jesus auf einmal: „Ich muss fortgehen."

Josef hielt inne. „Warum?"

„Ich habe von einem Mann gehört, der Johannes heißt. Er soll in der Wüste gelebt und sich dort nur von Heuschrecken und Honig ernährt haben. Nun ist er an den Jordan gezogen. Er sieht wild aus, aber was er predigt, ist gut. Er sagt den Menschen, sie sollen sich ändern, nicht mehr stehlen und lügen, sondern ihr Brot mit den Armen teilen. Sie sollen ein neues Leben anfangen."

„Davon habe auch gehört", sagte Josef. „Er taucht die Menschen im Jordan unter und tauft sie. Damit wäscht er ihre Sünden ab. Und sie wollen von nun an Gott dienen und nach seinem Wort leben."

Jesus nickte. „Deswegen muss ich zu ihm."

Verzweiflung ergriff Maria. „Immerhin sagst du uns diesmal, wohin du gehst. Nicht so wie damals, als du plötzlich verschwunden warst und wir dich drei Tage lang suchen mussten." Maria stockte, dann fasste sie sich und strich ihm über den Arm. Sie seufzte: „Aber du musst wohl tun, was du tun musst, mein Junge."

Jesus legte seine Hand auf ihre. „So ist es", bestätigte er leise. „Du verstehst mich."

Bereits am nächsten Morgen verabschiedete Jesus sich von seinen Eltern und zog los.

Als er schließlich nach einer langen Wanderung an die Ufer des Jordan gelangte, entdeckte er dort einen Mann mit langen zerzausten Haaren, einem wild wuchernden Bart und zerschlissener Kleidung. Das musste Johannes der Täufer sein!

Viele Menschen hatten sich um ihn versammelt. „Bist du der Messias, auf den wir warten?", riefen sie ihm zu.

Johannes antwortete ihnen: „Ich taufe euch, aber gegen den, auf den wir warten, bin ich nichts. Ich bin es nicht einmal wert, seine Schuhe zu binden."

Da trat Jesus vor ihn hin und sagte: „Taufe mich!"

Johannes blickte ihn an, stutzte und sprach: „Nein, dich kann ich nicht taufen. Denn du bist es, auf den wir gewartet haben. Du sollst mich taufen."

Rätselfragen:

? Welchen Beruf hatten Jesus und sein Vater?

? Warum hat Herodes die kleinen Kinder getötet?

? Wo war Jesus, als er im Alter von zwölf Jahren drei Tage lang verschwunden war?

? Warum wollte Jesus zu Johannes dem Täufer gehen?

10.
Der verlorene Sohn

Zachäus schob sich durch die Menge. Es war ja kaum ein Durchkommen, so viele Menschen waren es heute wieder! Wo immer dieser Mann, dieser Jesus, von dem alle sagten, er sei Wunderheiler, auftauchte, versammelten sich sofort die Menschenmassen. Jeder wollte ihn sehen und reden hören.

Auch Zachäus war neugierig und wollte diesen Wundermann gern einmal sehen.

Das Gedränge wurde immer größer. „Das sind mehr Menschen, als in den Tempel zu den Hohepriestern und Schriftgelehrten gehen", hörte Zachäus einen Mann raunen.

„Kein Wunder", gab ein anderer zurück, „was die reden, das versteht ja sowieso kein Mensch. Aber was Jesus sagt, das geht einem direkt ins Herz."

Zachäus schob sich vorsichtig weiter, auf der Suche nach einem Baum. Vorne bei Jesus standen die Männer und auch einige Frauen, die immer mit ihm herumzogen. Seine Jünger nannten sie sich, wie Zachäus wusste, und auch sie redeten immer irgendwelches frommes Zeug daher. Sie kamen aus dem Norden, aus Galiläa. Dort hatten sie alles hinter sich gelassen, Haus, Frau und Kinder. Jetzt zogen sie umher und lebten ohne jeden Besitz. Wie konnte man nur so blöd sein! Ihm konnte das nicht passieren. Im Gegenteil, er wollte so viel Besitz wie möglich haben.

Gerade kam der letzte der Apostel hinzu. Ihn kannte Zachäus, er hieß Matthäus und hatte früher wie er als Zöllner gearbeitet. Einer von denen, die den Leuten auf nicht sehr freundliche Art das Geld abnahmen und deshalb nicht besonders beliebt waren.

In diesem Moment hörte er jemanden schimpfen: „Wie kannst du das nur machen?" Zachäus zuckte zusammen und glaubte, er sei gemeint. Da fuhr der schimpfende Mann wütend fort: „Höre, Jesus, hier gibt es lauter Diebe, Lügner und Betrüger. Und all diese Menschen, die ein schlechtes Leben geführt haben, die duldest du in deiner Nähe?"

Zachäus spitzte die Ohren. Nun war auch er neugierig geworden. Was würde Jesus darauf antworten? Komischerweise sah Matthäus ganz betroffen aus. Aber konnte der denn gemeint sein? Der war doch jetzt ein Jünger dieses Jesus.

Da hob Jesus die Hand und Stille trat ein.

„Ich will euch heute eine Geschichte erzählen", sagte er.

„Wieder so ein Gleichnis", tuschelte einer neben Zachäus. „Neulich hat er was von einem verlorenen Schaf erzählt. Da hat ein Hirte seine Herde mit neunundneunzig Schafen zurückgelassen, nur weil er nach dem einen suchen wollte, das verloren gegangen war. Und als er es wiedergefunden hat, hat er ein Fest gefeiert, so freute er sich. Wie Gott sich freut, wenn einer auf seinem falschen Weg umkehrt und seine Fehler bereut."

„Scht", zischten die Umstehenden, „wir wollen Jesus hören, also sei still."

Und Jesus erzählte: „Es war einmal ein Mann, der hatte zwei Söhne. Der ältere arbeitete fleißig auf dem Hof des Vaters, aber der jüngere hatte keine Lust dazu. Er nahm sein Geld und zog in die Fremde. Dort ließ er es sich gut gehen und verschwendete all sein Geld, bis ihm keins mehr übrig blieb. Seine Freunde wandten sich von ihm ab, als er nichts mehr hatte, und so blieb er arm und hungrig und allein zurück. Da dachte er voller Sehnsucht an zu Hause und an den Vater, der immer so gut zu ihm gewesen war. ‚Ich will nach Hause gehen‘, beschloss er. ‚Selbst wenn der Vater mir Vorwürfe macht und mich schuften lässt, wird es mir besser gehen als jetzt.‘

Doch der Vater weinte vor Freude, als er ihn sah. Er umarmte und küsste ihn, machte ihm die schönsten Geschenke und richtete sogar ein Fest für ihn aus.

‚Ich habe das doch gar nicht verdient‘, meinte der Sohn beschämt. Und sein Bruder verzog das Gesicht und beschwerte sich: ‚Den feierst du, dabei ist er einfach abgehauen und hat alles verschwendet. Ich aber habe dir immer geholfen, habe fleißig und hart gearbeitet. Trotzdem hast du nie ein Fest für mich gegeben.‘

‚Dir gehört doch sowieso schon alles, was ich besitze‘, antwortete der Vater. ‚Aber du musst mich verstehen, ich dachte, er sei tot, und nun ist er am Leben und wieder bei uns. Ist das etwa kein Grund zum Feiern?‘

Und nun sage ich euch, so wie dieser Vater sich freute, dass sein Sohn zurückgekehrt ist, so freut sich auch Gott wie ein Vater über alle Menschen, die zu ihm zurückfinden.“

Hier beendete Jesus seine Geschichte. Die Leute klatschten in die Hände, freuten sich auch über das erstaunliche Ende dieser Geschichte. So gespannt hatte Zachäus zugehört, dass er erst jetzt wieder an sein Vorhaben dachte. Schnell stieg er auf den Baum, unter dem Jesus stand. Ja, jetzt endlich konnte er Jesus auch sehen. Er dachte über das gerade Gehörte nach. Was hatte diese Geschichte mit ihm zu tun?

Er krampfte die Finger um ein paar Münzen in seiner Tasche. In ihm klangen noch immer Jesu Worte nach. Verstohlen schaute er sich um. Dann gab er sich einen Ruck und schob heimlich die Münzen aus seiner Tasche in die eines ärmlich gekleideten Mannes unter ihm. Auf einmal konnte er gar nicht schnell genug nach Hause kommen. Gerade wollte er hinabsteigen, da blickte ihm Jesus direkt ins Gesicht. Er rief ihm zu: „Zachäus, steig herunter von diesem Baum. Heute will ich bei dir zu Mittag essen."

Rätselfragen:

? Wie viele Apostel gehören zu Jesus?

? Warum wurden Zachäus und der Apostel Matthäus wohl so unruhig, als die Leute schimpften, Jesus würde sich mit Dieben und Betrügern an einen Tisch setzen?

? Wann spricht man noch heute von der Rückkehr des verlorenen Sohnes?

11.

Jesus heilt
und vergibt Sünden

Es war der Tag vor dem Sabbat, dem Ruhetag der Juden. In der Synagoge von Kafarnaum betete ein Pharisäer. Er war allseits hoch geschätzt, denn er war sehr fromm und kannte sich mit den göttlichen Regeln und Geboten aus wie kaum ein anderer. Da ertönte Fußgetrappel. Stirnrunzelnd unterbrach der Pharisäer sein Gebet. Wer wagte es, ihn hier zu stören?

Es war ein junger Schriftgelehrter, der aufgeregt nahte. „Dieser Jesus ist schon wieder unterwegs", rief er. „Die Leute sind völlig verrückt geworden. Sie laufen ihm nach und scharen sich um ihn, wo immer er auftaucht. Wunder soll er vollbracht haben! Blinde können auf einmal wieder sehen, so erzählen sie sich, und Lahme wieder gehen. Sogar einen Leprakranken soll Jesus geheilt haben."

Der Pharisäer schüttelte den Kopf. Als ob ein Mensch einen anderen Menschen heilen könnte! „Wer soll denn das glauben?", sagte er streng.

„Die Leute glauben das", versicherte der junge Schriftgelehrte. „Sie sind wie verrückt nach diesem Jesus, nennen ihn ihren neuen König und behaupten, er sei Gottes Sohn. Eine wahre Völkerwanderung ist da im Gange! Alle, die irgendein Gebrechen, eine Krankheit haben, machen sich auf den Weg zu ihm und hoffen, dass er auch sie heilen wird. Aber was das Unglaublichste an der ganzen Sache ist", eiferte er sich, „Jesus ermahnt uns! Uns, die Pharisäer und Schriftgelehrten! Wir sollen unsere Sünden bereuen. Ist das zu fassen? Wer sind wir denn, dass er uns so anspricht? Sind wir etwa wie die aus dem einfachen Volk?"

Der Pharisäer hatte schweigend zugehört. Diesen Mann muss ich mir näher ansehen, dachte er bei sich. Der könnte gefährlich werden. Plötzlich hört das Volk vielleicht nicht mehr auf uns, sondern nur noch auf diesen Scharlatan.

„Wo finde ich diesen Jesus?", fragte er.

„Ich führe dich zu ihm", bot der junge Schriftgelehrte ihm eifrig an. „Er ist in einem der Häuser im Dorf und predigt dort zu den Menschen."

Gemeinsam verließen sie die Synagoge. Der junge Schriftgelehrte eilte voraus, der Pharisäer folgte ihm. Bald kamen sie zu einem Haus, um das sich eine große Menschenmenge drängte. Der Pharisäer war sprachlos. So viele Leute kamen sonst nie hierher! Ja, es waren so viele, dass sie unmöglich alle in das Haus hineinpassten.

Und immer noch mehr Menschen näherten sich, darunter auch vier Männer, die einen Gelähmten auf einer Trage mit sich schleppten. „Macht Platz für uns, lasst uns durch!", riefen sie.

„Ach, lasst mich doch, ich bin nicht so wichtig", sagte der Gelähmte leise.

„Doch, du bist wichtig", widersprachen die Männer, „du bist unser Freund. Niemand kann dir helfen, niemand außer Jesus. Wir wollen ihn bitten, dass er dich gesund macht und du wieder gehen kannst."

Der Pharisäer trat auf sie zu. „Wie wollt ihr ihn in das Haus hineinbringen?", fragte er sie barsch. „Die Tür ist zu klein für eure Trage. Also kehrt um. Geht in die Synagoge und betet dort für ihn."

Die Männer hörten nicht auf ihn. Sie schauten sich suchend um und schließlich fanden sie doch noch einen Weg ins Haus und brachten den Gelähmten vor Jesus.

Unwillkürlich reckte der Pharisäer den Hals. Was würde nun geschehen? Vielleicht stimmte das ja gar nicht, was der junge Schriftgelehrte ihm vorhin erzählt hatte. Vielleicht waren das alles nur Geschichten, die jemand erfunden hatte, aufgebauschte Ereignisse, die in Wirklichkeit ganz harmlos zu erklären waren, oder verrückte Zufälle.

Und Jesus tat auch nichts Besonderes. Er schaute den Gelähmten nur freundlich an.

Na bitte, dachte der Pharisäer zufrieden, alles Lügen. Er kann überhaupt nichts.

Er wollte sich schon abwenden, da hörte er Jesus sagen: „Deine Sünden sind dir vergeben."

Der Pharisäer zog scharf die Luft ein, und auch die Menschen um ihn herum machten große Augen. Wie konnte Jesus es wagen, so etwas zu sagen? Nur Gott kann Sünden vergeben, aber doch kein Mensch!

Jesus hob nun den Kopf und ließ seinen Blick über die Menschen schweifen. Dem Pharisäer war es, als schaute er ihm direkt ins Herz. Und als er sprach, war es, als spräche er direkt zu ihm: „Ihr glaubt, ich könnte keine Sünden vergeben? Ich hätte nicht die Macht dazu, ich dürfte das nicht? Nun, ich will es euch beweisen." Er wandte sich an den Gelähmten. „Steh auf, nimm deine Trage und geh nach Hause."

Und genau das tat der Mann. Ein Raunen ging durch die Menge, einige schlugen sich die Hände vor den Mund. Auch der Pharisäer schaute fassungslos. Der Mann stand tatsächlich auf, schulterte seine Trage und schritt unter dem Jubel seiner Freunde davon.

Der Pharisäer konnte nicht glauben, was er da eben gesehen hatte. Wie hatte dieser Scharlatan das geschafft? Oder war das ein abgekartetes Spiel gewesen? Hatte sich der Gelähmte in Wahrheit von Anfang an bester Gesundheit erfreut?

Er musste nachdenken. Er betete und grübelte die ganze Nacht, ohne zu einem Ergebnis zu kommen. Am nächsten Morgen, er wollte gerade in die Synagoge gehen, da stürzte ihm wieder der junge Schriftgelehrte entgegen und rief: „Er hat es wieder getan, gerade eben! Ich habe es gesehen, hier in der Synagoge. Ein Mann kam zu ihm, dessen rechte Hand verkümmert war. Jesus sagte zu ihm: ‚Strecke deine Hand aus.‘ Und da streckte der seine verkrüppelte Hand aus, die war ganz gerade und glatt. Und er konnte sie auf einmal ganz normal bewegen und mit ihr greifen!"

Kaltes Entsetzen ergriff den Pharisäer. Und das heute, an diesem Tag! Nun war es genug. Sogar an diesem besonderen, geheiligten Tag ging Jesus seiner Arbeit nach.

Entschlossen erhob er sich und verkündete: „Jesus hat gegen die göttlichen Gesetze verstoßen. Wir werden etwas gegen ihn unternehmen. Wir müssen ihn stoppen, mit allen Mitteln!"

Rätselfragen:

? Warum hätte Jesus nach Meinung des Pharisäers den Mann mit der verkrüppelten Hand nicht heilen dürfen? Was war das für ein besonderer, geheiligter Tag?

? Wie haben die vier Männer den Gelähmten doch noch zu Jesus in das Haus gebracht?

? Warum hat Jesus den Gelähmten nicht nur geheilt, sondern auch von seiner Schuld befreit, und warum kann er das?

12.
Die Speisung
der Fünftausend

Hast du gehört", sagte der Mann zu seiner Frau, die still auf ihrem Platz saß, „Jesus soll mit seinen Jüngern über den See Genezaret gerudert sein. Komm, lass uns zu ihm gehen." Die Frau wandte ihm müde ihr Gesicht zu: „Das wird zu mühsam für mich. Es ist zu weit", sagte sie leise.

„Ich werde bei dir sein. Ich stütze dich, dann kann dir nichts passieren", versicherte ihr Mann.

„Ach, lass mich doch hier", wehrte sie erneut ab. „Geh allein und höre dir an, was Jesus zu sagen hat. Und dann komm zurück nach Hause und erzähle mir davon, damit seine Worte mich wärmen und meine Seele erhellen."

Doch ihr Mann gab nicht auf. „Hast du nicht gehört, dass er die Kranken heilen kann? Vielleicht kann er auch dir helfen. Komm mit mir."

Es war ein mühsamer Weg für die Frau. Unsicher tasteten sich ihre Füße durch den Staub. Doch ihr Mann blieb an ihrer Seite und führte sie, wenn sie sich nicht mehr weiterwagte.

Viele Stunden gingen sie so, dann erreichten sie endlich ihr Ziel. „So viele Menschen", flüsterte sie ihrem Mann zu, „wie viele werden es wohl sein?"

„Ich kann sie gar nicht zählen", antwortete er. „Es müssen Hunderte, nein, Tausende sein!"

Er nahm sie am Arm und schob sie durch die Menge hindurch. Einmal stolperte sie über einen Stein, aber er hielt sie und schob sie weiter. Dann mit einem Mal blieb er stehen, und alles um sie herum schien plötzlich verändert.

Ihr Mann begann zu sprechen: „Hör mich an, Herr." Sie standen vor Jesus! Ihr Mann fuhr fort: „Bitte, Herr, mach, dass die Seele meiner Frau wieder fröhlich in die Welt sehen kann, wie sie dein Vater erschaffen hat."

Sie spürte eine Hand auf ihrem Kopf. Und plötzlich wurde es so hell um sie herum, dass sie fast geblendet war. Sie blinzelte. Vor ihr stand Jesus und schaute sie freundlich an.

„Gehe hin in Frieden", sagte er mit einem Lächeln.

Überwältigt fiel sie vor ihm auf die Knie. „Ich danke dir, Herr!", rief sie.

Bei sich dachte sie: Er sieht auch so müde und erschöpft aus. Er ist schon so lange unterwegs, alle ziehen und zerren an ihm, und doch versucht er immer noch, für jeden von uns da zu sein. Auch für mich. Auch für mich ist die Welt wieder hell geworden.

Dann hob sie den Blick und sah staunend auf die Welt. Sie sah die Jünger, die Jesus begleiteten. Sie sah die Männer und Frauen, die sich um ihn scharten, viele von ihnen arm und zerlumpt. Sie sah die Kinder, die herumsprangen, sah einen Fischerjungen, der einen Korb mit ein paar Broten und Fischen an sich drückte. Sie alle wollten Jesus hören, wollten Mut zugesprochen bekommen. Lahme und Kranke wurden zu ihm getragen, damit er sie heilen werde.

Tränen traten in ihre Augen. Jesus hatte sie geheilt. Es wurde langsam dunkel, aber diesmal war es nicht die

Dunkelheit ihrer Seele, ihre Traurigkeit und Erschöpfung, sondern die heraufziehende Nacht.

Sie hörte, wie einer der Jünger, der Petrus hieß, zu Jesus sagt: „Die Leute sollten nach Hause gehen. Sie sind müde und hungrig, und wir haben hier nur fünf Brote und zwei kleine Fische zu essen."

„Das Essen wird für alle reichen", antwortete Jesus.

„Aber wie soll das gehen? Das ist völlig unmöglich", rief Petrus.

„Glaube mir", sagte Jesus nur.

Er ließ die Jünger Brot und Fische verteilen. Zuerst bekamen die müden und hungrigen Kinder zu essen, danach die Frauen und Männer und zuletzt nahmen sie sich selbst davon. Und noch immer war etwas übrig.

„Fünf Brote und zwei kleine Fische", flüsterte der Mann seiner Frau zu. „Wie hat das nur gereicht für all diese Leute? Fünftausend müssen es sein oder noch mehr."

„Und es gibt immer noch Essen", rief ein anderer Mann, der neben ihnen stand. „Habt ihr gesehen? Alle sind satt und da steht immer noch ein voller Korb."

Die Menge um sie herum raunte. „Wie macht er das nur?"

Die Frau sagte: „Erinnert euch doch daran, was man sich über eine Hochzeit in Kana erzählt. Damals hörten wir zum allerersten Mal von ihm. Jesus war auf dieser Hochzeitsfeier, genau wie viele, viele andere. Das Brautpaar war wohl nicht sonderlich wohlhabend. Jedenfalls hatten sie nicht genug Wein für alle Gäste. Sie schämten sich, denn nun würde jeder merken, wie wenig sie eigentlich besaßen. Doch als sie ihren Gästen aus ihren Wasserkrügen einschenkten, war es plötzlich der köstlichste Wein. Auch dabei soll Jesus seine Finger im Spiel gehabt haben."

„Aber wie macht er das?", wiederholte ein anderer.

Die Frau wandte den Blick zum Himmel, wo die ersten Sterne blinkten: „Das weiß Gott allein!"

Rätselfragen:

? Was erhoffen sich die Menschen von Jesus?

? Wem gehörten die fünf Brote und die Fische?

? Welches Wunder gilt als das erste Wunder, das Jesus vollbracht hat?

13.
Der Einzug in Jerusalem

Geh auf den Markt und kaufe etwas Mehl, damit ich Brot backen kann", sagte die Mutter zu Leah. Folgsam steckte das Mädchen die Münze ein, die die Mutter aus einem Holzkästchen genommen hatte, und lief nach draußen.

Sie wunderte sich, in der Stadt war heute viel mehr los als sonst. Es wimmelte von Menschen und von überall her erschallten Rufe: „Jesus kommt nach Jerusalem! Hosanna, Jesus, der Sohn Davids, kommt heute!"

Leah hatte schon viel über Jesus gehört. Jeder erzählte die Geschichten über ihn, wie er nicht nur Gottes Wort predigte, sondern auch danach lebte. Und wie er Dinge vollbrachte, die kein normaler Mensch konnte. Und nun kam er nach Jerusalem, nun würde sie ihn leibhaftig sehen können!

Vor Aufregung vergaß Leah, was die Mutter ihr aufgetragen hatte. Statt zum Markt zu gehen, schloss sie sich dem Menschenstrom an, der zum Stadttor zog.

„Heil dir Jesus, Sohn Davids, unser Retter, hilf uns!", riefen die Menschen wieder. Sie hielten Zweige in den Händen, die sie von den Bäumen, Büschen und Palmen abgerissen hatten, um Jesus damit zuzuwinken und angemessen willkommen heißen zu können. Eine freundliche Frau gab Lea einen kleinen Zweig ab, damit sie ihn auch zur Begrüßung schwenken konnte.

Leah zappelte ungeduldig von einem Fuß auf den

anderen. Sie konnte es kaum noch erwarten. Sicher kam Jesus auf einem prächtigen Pferd geritten und war selbst in die edelsten Gewänder gehüllt. Wie ein richtiger König.

Die Rufe der Menschen wurden lauter. „Da kommt er!" … „Er ist da!" … „Hosanna, Davids Sohn und Erbe. Gesegnet seist du!" … „Gesegnet sei der König, der da kommt im Namen des Herrn!" Manche fielen auf die Knie.

Leah war verwirrt. Da kam zwar ein Mann des Weges, aber worauf er ritt, das war alles andere als ein prächtiges Pferd. Er selbst war ärmlich gekleidet wie ein Arbeiter oder ein Bauer. Und das sollte der berühmte Jesus sein? Sie konnte es kaum glauben.

Doch die Menschen um sie herum jubelten ihm zu. Ihnen schien es ganz egal zu sein, wie er aussah. Sie empfingen ihn, als sei er tatsächlich ihr Retter und Anführer, ihr König, den sie sehnlichst erwarteten. Sie warfen Blumen und breiteten ihre Palmzweige und Kleider vor ihm aus wie einen Königsteppich.

Was muss er sich freuen über diesen Empfang, dachte Leah. Doch als er näher kam, merkte sie, dass er überhaupt nicht freudig aussah. Im Gegenteil. Zwar lächelte er allen Menschen freundlich zu. Aber er schien überhaupt nicht glücklich darüber zu sein, dass er wie ein König behandelt wurde. Ja, es war ihm unangenehm!

Als Leah das begriff, schlug ihr Herz auf einmal schneller und sie vergaß, dass sie eben noch enttäuscht gewesen war. Jesus war nicht abgehoben, nein, er war einer von ihnen!

„Was spielt der sich so auf", hörte sie da ein Zischen neben sich. „Was sollen diese dummen Königsrufe und dieses Gerede, er sei unser Befreier? Man sollte etwas gegen ihn unternehmen!"

Erschrocken drehte Leah sich um. Ihr war eiskalt geworden. Doch sie konnte nicht erkennen, wer diese bösen Worte gesprochen hatte.

Und auch Jesus schien nicht zu merken, dass er unter den versammelten Menschen auch Feinde hatte. Lächelnd zog er in Jerusalem ein.

Rätselfragen:

? Wir feiern in Erinnerung an Jesu Einzug in Jerusalem bis heute den Palmsonntag. Das ist der Sonntag vor Ostern. Warum wird dieser Tag so genannt?

? Warum riefen die Menschen zur Begrüßung Jesu: „Hosanna dem Sohne Davids"?

? Worauf ist Jesus in Jerusalem eingezogen?

? Was erwarteten die Menschen von Jesus und warum gab es auch Stimmen gegen Jesus?

14.

Verrat und Tod

Langsam zog die Dämmerung herauf. Jakob rannte nach Hause. Seine nackten Füße wirbelten nur so über die Erde und sein Herz schlug schnell. Die Eltern würden ihn schimpfen, weil er so spät kam! Beim Spielen mit den Freunden hatte er völlig die Zeit vergessen.

Plötzlich sah er im fahlen Abendlicht ein paar dunkle Gestalten, die heftig aufeinander einredeten. Jakob bekam ein mulmiges Gefühl im Magen. Ob das Wegelagerer waren, die sich über ihre Beute stritten? Die Eltern hatten ihn immer gewarnt vor solchem Gesindel.

Schnell versteckte er sich hinter ein paar Büschen und spitzte die Ohren. Er verstand nicht viel, nur immer wieder einen Namen: Jesus.

Was konnten diese Männer von Jesus wollen? Der besaß doch gar nichts, denn er teilte immer alles mit den Armen.

Neugierig geworden, wagte Jakob sich noch ein wenig näher an die Männer heran. Nun wollte er doch genauer wissen, worum es ging.

„Gebt mir dreißig Silberlinge dafür", hörte er einen der Männer sagen.

„Du verlangst viel", wandte ein anderer ein.

So stritten sie noch eine Weile miteinander, aber schließlich nickte einer und versprach: „Also gut, Judas, du sollst deinen Lohn bekommen."

Wieder spürte Jakob dieses mulmige Gefühl in der Magengegend. Er wusste nicht, wofür dieser Judas dreißig Silberlinge bekommen sollte. Aber er wusste, dass es nichts Gutes bedeuten konnte. Jesus hatte nicht nur viele Anhänger und Bewunderer, er hatte auch viele Neider und Feinde. Vielleicht war er in Gefahr!

„Weißt du, wo Jesus sich aufhält?", fragte er jeden, dem er begegnete. Niemand konnte ihm weiterhelfen. „Geh nach Hause, Junge", bekam er immer wieder zu hören. „Es ist viel zu gefährlich für dich bei Nacht."

Doch Jakob konnte an nichts anderes mehr denken.

„Ich glaube, heute Nacht geschieht etwas Böses", flüsterte Jakob mit klopfendem Herzen. „Lauf lieber weg!"

Völlig durcheinander lief er schließlich nach Hause.

„Da bist du ja endlich!", rief seine Mutter. Sie lachte und weinte gleichzeitig, solche Sorgen hatte sie sich um ihn gemacht.

Zur Strafe musste Jakob am nächsten Tag zu Hause bleiben. Zum Glück war das Wetter sowieso schrecklich, denn am Himmel hingen dunkle Wolken, als würde gleich ein wüstes Unwetter losbrechen. Jakob war unruhig und musste immer wieder an Jesus denken. Am Nachmittag um drei Uhr grollte es auf einmal, als gäbe es ein Gewitter und ein Erdbeben gleichzeitig. Jakob wurde eiskalt. Bestimmt war etwas Schreckliches geschehen!

Am Abend kam ein Nachbar vorbei und erzählte, die Römer hätten Jesus verhaftet und Pontius Pilatus vorgeführt. Und Jesus sei zum Tode verurteilt worden. Die Zeugen, die vom Gericht befragt wurden, hätten gelogen und falsche Behauptungen über ihn aufgestellt.

„Er musste das Kreuz, an dem er sterben sollte, auf

seine Schultern nehmen und selbst nach Golgata tragen", erzählte der Nachbar.

„Und da ist er dann wirklich gestorben?", fragte Jakob entsetzt. „Niemand hat ihn gerettet?"

„Das hat niemand gewagt. Jesus wurde gekreuzigt und ist am Nachmittag gestorben. Und vorher haben sie ihn noch verspottet. Sie haben ihm einen Purpurmantel angezogen, eine Dornenkrone aufgesetzt und sich lachend vor ihm verbeugt."

Jakob war völlig aufgewühlt. Die ganze Nacht konnte er nicht schlafen. Am nächsten Tag konnte er sich zu nichts aufraffen. Er mochte nicht spielen und nicht essen. Nach einer weiteren schlaflosen Nacht schlich er sich am Sonntagmorgen in aller Frühe aus dem Haus. Der Nachbar hatte erzählt, das Grab Jesu sei in einen Felsen gehauen worden. Dorthin lief Jakob.

Zuerst dachte er, er sei zur falschen Stelle gegangen. Der Stein vor der Felsöffnung war weggewälzt worden. Das Grab war leer.

„Jesus ist nicht mehr hier", hörte Jakob eine Stimme. Er erschrak furchtbar.

Rätselfragen:

? Wofür sollte Judas Iskariot, ein Jünger und Apostel Jesu, die dreißig Silberlinge bekommen?

? Um welche Tageszeit ist Jesus am Kreuz gestorben? In der Bibel wird eine Zeitangabe gemacht.

? Was feiern wir noch heute an Karfreitag und Ostersonntag?

15.
Die Emmausjünger

Kleopas war zusammen mit einem zweiten Jünger Jesu auf dem Weg nach Emmaus. Doch er mochte kaum einen Fuß vor den anderen setzen. Das Herz war ihm schwer und seine Gedanken kreisten immer nur um ein Thema. „Wie konnten wir das nur zulassen", wiederholte er ein ums andere Mal.

„Aber was hätten wir denn tun können?", seufzte der andere.

„Wir hätten ihn aufhalten müssen!", rief Kleopas. „Damals auf dem Ölberg, im Garten von Getsemani, am Tag bevor er verhaftet wurde. Kurz vorher saßen wir noch mit ihm bei Tisch. Er sprach ein kurzes Dankgebet, dann brach er das Brot und teilte es mit uns. Weißt du noch? Wir hätten nicht so seelenruhig mit ihm herumsitzen dürfen. Wir hätten ihn verstecken müssen."

„Aber wir wussten doch nicht, dass sie kommen und ihn verhaften und zum Tode verurteilen würden."

Eine Weile gingen sie stumm nebeneinander her. Dann begann Kleopas von Neuem: „Wir hätten besser aufpassen müssen. Wir hätten genauer hinhören müssen! Schließlich wussten wir doch, dass die Pharisäer, die Hohepriester und Schriftgelehrten ihn nicht mochten. Für sie war er ein Störenfried, den sie loswerden wollten, um jeden Preis."

In diesem Augenblick näherte sich ihnen ein Fremder

und sprach sie an: „Was ist denn mit euch? Ihr seht so niedergeschlagen aus."

Kleopas und der andere Jünger wechselten einen raschen Blick. „Nun ja, es ist viel passiert in den letzten Tagen", antwortete Kleopas.

„Was denn?"

Wieder wechselten die beiden einen Blick. Konnte es sein, dass dieser Mann nichts von den schrecklichen Ereignissen mitbekommen hatte? Landauf, landab sprach man doch von nichts anderem.

„Hast du nicht von Jesus von Nazaret gehört?", fragte Kleopas. „Dann bist du der einzige Mensch weit und breit, der nichts von seinem schrecklichen Tod gehört hat. Die Hohepriester haben ihn zum Tode verurteilt und er wurde ans Kreuz geschlagen."

Der andere unterbrach ihn: „Wir haben gesehen, wie er gestorben und ins Grab gelegt wurde. Aber als die Frauen heute zu seinem Grab gingen, da war der Stein weggerollt und das Grab leer! Ein Engel ist ihnen erschienen und sagte, Jesus sei auferstanden. Jesus lebt!"

„Das ist doch verrückt. Das kann gar nicht sein", sagte Kleopas verzweifelt. „Wir haben selbst gesehen, wie er gestorben ist. Mit eigenen Augen." Bei diesen Worten fühlte er sich noch elender als zuvor.

Da sagte der Fremde: „Das alles wurde von den Propheten vorausgesagt. In der Heiligen Schrift steht, dass Jesus für die Welt und ihre Menschen sterben muss."

Inzwischen waren sie in Emmaus angelangt. „Bist du hungrig? Du bist in unserem Haus willkommen. Setz dich zu uns und iss mit uns", bot Kleopas dem Fremden an.

Er dankte ihnen und folgte ihnen ins Haus. Die beiden Jünger deckten den Tisch. Als sie alle beieinandersaßen, griff der Fremde nach dem Brot. „Danke, Vater, für diese Speise", sprach er. Dann brach er das Brot und teilte es mit den beiden Jüngern.

Kleopas starrte auf das Brot, dann in das Gesicht des Fremden, dann wieder auf das Brot. So heftig sprang er auf, dass sein Stuhl umkippte. „Das ist er!", rief er. „Das ist doch … Jesus!"

Und der zweite Jünger fiel ein: „Er lebt! Er ist wirklich auferstanden von den Toten!"

Doch in diesem Moment merkten sie, dass der Platz neben ihnen leer war. Jesus war verschwunden.

Später sollten die Jünger ihn noch mehrmals sehen. „Verkündet meine Botschaft überall auf der Welt", trug er ihnen auf. „Mir ist alle Macht gegeben im Himmel und auf der Erde. Darum geht zu allen Völkern und macht sie zu meinen Jüngern. Tauft sie auf den Namen des Vaters und des Sohnes und des Heiligen Geistes. Lehrt sie alles zu befolgen, was ich euch geboten habe. Seid euch sicher: Ich bin bei euch alle Tage bis zum Ende der Welt. Ich selbst werde zu meinem Vater in den Himmel zurückkehren."

Nachdem Jesus dies gesagt hatte, segnete er sie. Dann verließ er sie und wurde zum Himmel emporgehoben. Die Jünger wollten das nicht glauben. Doch dann sahen sie es mit eigenen Augen.

Rätselfragen:

? Woran haben die beiden Jünger Jesus erkannt?

? Warum werden sie „die Emmausjünger" genannt?

? Wohin ging Jesus, nachdem er sich von seinen Jüngern für immer verabschiedet hatte?

Lösungen

1. Die Schöpfung:

❗ Adam, der erste Mann, gab der Frau, die Gott erschaffen hatte, den Namen Eva (das heißt: Leben). Sie trug also denselben Namen, den das kleine Mädchen in dieser Geschichte trägt. Also heißt nach der Schöpfungsgeschichte die erste Frau Eva *(Genesis 3,20)*.

❗ Das Licht für den Tag ist die Sonne, die Lichter für die Nacht sind Mond und Sterne *(Genesis 1,14–19)*.

❗ Gott hat in sechs Tagen die Welt erschaffen. Am siebten Tag ruhte er sich aus. Er segnete diesen Tag und erklärte ihn zu einem heiligen Tag. *(Genesis 2)* Es ist der Tag, an dem die Juden den Sabbat feiern, der Samstag. Auch wir haben einen Tag zum Ausruhen, den Sonntag. Er ist der erste Tag der Woche. An ihm erinnern wir uns an den Tag von Jesu Auferstehung. Denn laut den Evangelien kamen Frauen am ersten Tag der Woche zum Grab Jesu, das leer war. *(Markus 16,1–8; Matthäus 28,1–8; Lukas 24,1–12; Johannes 20,1–13)*. Deswegen wird bis heute bei uns am Sonntag in der Kirche Gottesdienst gefeiert und nur in Ausnahmefällen darf am Sonntag gearbeitet werden.

2. Kain und Abel:

! Früher lebten Adam und Eva im Paradies, wo es ihnen gut ging. Sie mussten sich weder anstrengen noch arbeiten. Die Schlange aber hat sie verführt, von genau dem Baum zu essen, dessen Früchte Gott ihnen verboten hatte. Zur Strafe wurden sie aus dem Paradies vertrieben. Damit hatte ihr leichtes Leben ein Ende *(Genesis 3)*.

! Jeder wählte seine Opfergabe aus seinem Arbeitsbereich. Das kannst du auch auf dem Bild sehen: Kain nahm etwas von der Ernte auf seinem Feld und Abel ein Lamm aus seiner Schafherde *(Genesis 4)*.

! Das Kainsmal war das Zeichen Gottes an Kain, dass keiner ihn, den Brudermörder, erschlage *(Genesis 4,15)*. Als Kainsmal bezeichnet man noch heute ein äußerliches Merkmal einer Schuld, aber auch ein Zeichen, das einen als Täter verrät.

3. Der Turmbau zu Babel:

! Die Erbauer des Turms haben mit Aussprüchen wie „Wer weiß, vielleicht wachsen wir sogar über ihn hinaus" deutlich gemacht, dass sie sich Gott überlegen fühlten.

Zur Strafe sorgte Gott dafür, dass sie sich nicht mehr verständigen konnten und den Turmbau aufgeben mussten.

! Seit dem Turmbau gab es viele verschiedene Sprachen auf dieser Welt. Denn auch die Nachkommen dieser Menschen sprachen nicht mehr gleich.

! Als „babylonische Sprachverwirrung" bezeichnet man ein unverständliches Durcheinander von Sprachen. Das Wort kommt nicht von der altorientalischen Stadt Babylon, sondern von dem Namen der Stadt Babel, was zu Deutsch Wirrsal bedeutet *(Genesis 11)*.

4. Josef und seine Brüder:

! Die elf Sterne stehen für die elf Brüder Josefs. Sie sind wütend, weil sich Sonne, Mond und Sterne, also seine ganze Familie, im Traum vor ihm verneigen, als wäre er ihr Herrscher *(Genesis 37,9)*.

! Auf dem Bild kannst du die Lösung sehen: Als Kaufleute einer zufällig vorüberziehenden Karawane herankamen, zogen die Brüder Josef aus dem Brunnen und verkauften ihn als Sklaven an die Kaufleute *(Genesis 37,21–29)*.

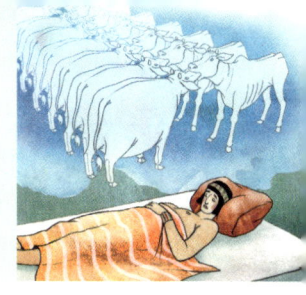

❗ Die Brüder haben den Mantel Josefs in das Blut eines frisch geschlachteten Ziegenbocks getaucht und dann ihrem Vater erzählt, sie hätten den Mantel so gefunden. Ein wildes Tier habe Josef gefressen *(Genesis 37,31–35)*.

5. Josef, der Traumdeuter:

❗ In des Pharao Träumen verschlingen sieben dürre Ähren die sieben reifen Ähren und sieben dürre Kühe fressen die sieben fetten Kühe. Josef erkennt in diesen Träumen, dass sieben erntereiche Jahre bevorstehen, denen sieben Jahre der Dürre und der Missernten folgen werden. Wenn der Pharao also auf Josefs Rat hin in den sieben guten Jahren Nahrungsvorräte anlegt, muss auch in den folgenden sieben schlechten Jahren niemand verhungern *(Genesis 41)*.

❗ Der Mundschenk hat dem Pharao den Tipp gegeben, dass Josef Träume deuten kann, denn er hatte es im Gefängnis selbst erlebt. Was Josef ihm dort vorausgesagt hatte, war tatsächlich eingetroffen *(Genesis 40, 41)*.

❗ Josef erwies sich als umsichtiger und wertvoller Ratgeber des Pharao. Durch seine kluge Vorsorge als Verwalter Ägyptens wurde das Volk vor dem Verhungern bewahrt *(Genesis 41,37–57)*.

6. Das Goldene Kalb:

❗ Zähle die Zeitangaben zusammen: Zu Beginn der Geschichte ist es vierzehn Tage her, dass Moses weggegangen ist. Nach weiteren zehn Tagen verlangen die Leute aus dem Volk nach einem Götzenbild. Sechs Tage kann Aaron sie noch hinhalten, dann gibt er nach. Zehn Tage lang tanzen die Menschen um das Goldene Kalb. Moses war also vierzig Tage und vierzig Nächte lang auf dem Berg Sinai *(Exodus 24,18)*.

❗ Auf dem Bild kannst du es sehen: Moses hat auf den Steintafeln die Zehn Gebote mitgebracht, die Gott ihm diktiert hatte *(Exodus 31,18–33,6)*.

❗ Das Goldene Kalb ist ein Symbol für Reichtum und Herrschaft. Wenn man heute vom „Tanz um das Goldene Kalb" spricht, ist damit also die Verehrung von Geld und Macht gemeint.

7. David besiegt Goliath:

❗ David hat Goliath mithilfe seiner Steinschleuder besiegt. Mit dem ersten Stein traf er Goliath genau zwischen die Augen und Goliath stürzte besiegt zu Boden *(1. Buch Samuel 17,48–50)*.

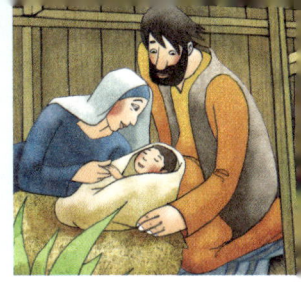

! David ging vor dem Kampf noch einmal zum Bachbett, dort wählte er sich fünf glatte Steine aus *(1. Buch Samuel 17,40)*.

! Wenn ein Schwächerer gegen einen scheinbar übermächtigen Gegner antritt, spricht man bis heute von „David gegen Goliath".

8. Jesus wird geboren:

! Kaiser Augustus in Rom wollte neue Steuern erheben und ließ dafür sein Volk zählen. Jeder musste zu seinem Geburtsort gehen und sich dort in Steuerlisten eintragen lassen. Josef war ein Nachkomme des König David und stammte aus Betlehem, deswegen musste er mit seiner hochschwangeren Frau Maria dorthin gehen *(Lukas 2,1–5)*.

! Auf dem Bild kannst du sehen, dass den Hirten ein Engel erschienen ist. Der Engel Gottes trat auf den Feldern zu den Hirten, die bei ihrer Herde wachten. Er verkündigte ihnen die Geburt des Messias, des Retters der Menschen, Jesus, das Kind Marias *(Lukas 2,8–20)*.

! Der Engel schickte sie hinauf nach Betlehem in die Stadt Davids und verriet ihnen, dass dieses Kind dort in einer Futterkrippe in einem Viehstall zu finden sei *(Lukas 2,12)*.

9. Johannes der Täufer:

! Josef und Jesus arbeiteten auf Dächern, sie übten den Beruf des Zimmermanns aus *(Matthäus 13,55; Markus 6,3).*

! In den heiligen Schriften der Juden wird prophezeit, dass in Betlehem einmal ein König geboren werden würde *(im Buch des Propheten Micha 5,1.3).* Als Sterndeuter bei König Herodes vorbeikamen, um nach dem neugeborenen König der Juden zu suchen, erschrak er und fürchtete um seine eigene Herrschaft. Deshalb ließ er in und um Betlehem alle Knaben im Alter von bis zu zwei Jahren töten *(Matthäus 2,16–18).*

! Jesus war mit zwölf Jahren auf einer Reise mit seinen Eltern nach Jerusalem im Tempel zurückgeblieben und hatte sich dort mit den Schriftgelehrten unterhalten. Seine Eltern, die schon abgereist waren und ihn unter den anderen Kindern ihrer Reisegruppe vermuteten, mussten ihn drei Tage lang suchen, bis sie ihn endlich fanden *(Lukas 2,41–52).*

! Johannes der Täufer verkündete den Menschen: „Lasst euch taufen, beginnt ein neues Leben!" Jesus wollte sich von Johannes taufen lassen, um danach anders zu leben und sein öffentliches Wirken zu beginnen *(Matthäus 3; Markus 1,1–11; Lukas 3,21 f.).*

10. Der verlorene Sohn:

! Jesus hatte zwölf Apostel und viele weitere Anhänger:
Die zwölf Apostel waren Simon Petrus, dessen Bruder
Andreas, Jakobus der Ältere, der Sohn des Zebedäus,
dessen Bruder Johannes, der Lieblingsjünger Jesu, Jakobus
der Jüngere, der Sohn des Alphäus, Simon aus Kana, der
Zelot, Philippus, Bartholomäus, Matthäus, Thomas, Judas
Thaddäus, der Sohn des Jakobus, und Judas Iskariot
(Matthäus 10,2 ff.; Markus 3,18, Lukas 6,12–16).
Da Judas Iskariot sich nach dem Verrat an Jesus selbst
tötete, wurde kurz nach der Himmelfahrt Jesu Matthias
als einer der Zwölf nachgewählt *(Apostelgeschichte 1,15 ff.)*.

! Der Apostel Matthäus arbeitete früher wie Zachäus als
Zöllner, eine Art Steuereintreiber, der den Leuten ihr
Geld abnahm. Dieser Beruf galt damals als unehrenhaft.
Im Evangelium wird auch von der Berufung des Zöllners
Levi berichtet. Dort wird gesagt, dass Jesus gern bei den
Zöllnern und Sündern aß und trank *(Matthäus 9,9–13;
Markus 2,13–17; Lukas 5,27–32)*.

! Wenn jemand einsieht, dass er in seinem Leben den
falschen Weg eingeschlagen hat, und umkehrt, spricht
man auch heute noch von der Rückkehr eines verlorenen
Sohnes. Auch die Geschichte des Zöllners Zachäus, der
sein Leben wegen Jesus ändert, ist eine Geschichte über

eine solche Rückkehr, weil er nun von Gott wie ein Kind geliebt wird. Das Gleichnis vom verlorenen Sohn steht im Evangelium von Matthäus im Kapitel 21,28 und im Lukas-Evangelium im Kapitel 15,11–32.
Die Geschichte des Zöllners Zächäus ist im Evangelium des Lukas im Kapitel 19,1–10 zu finden.

11. Jesus heilt und vergibt Sünden:

! Zu Beginn der Geschichte wird erwähnt, dass am nächsten Tag Sabbat war. Und am Sabbat heilte Jesus den Mann mit der verkrüppelten Hand, obwohl dieser Tag nach dem jüdischen Gesetz als strenger Ruhetag galt, an dem auch keine Behandlungen von Kranken und Heilungen erlaubt waren *(Matthäus 12,9–14; Markus 3,1–6; Lukas 6,6–11)*.

! Auf dem Bild kannst du sehen, wie die Männer ihren gelähmten Freund ins Haus bringen: Sie decken das Dach ab und heben ihn von oben hinein *(Matthäus 9,1–8; Markus 2,1–12; Lukas 5,17–26)*.

! Die Menschen früher glaubten, dass jeder Kranke selbst schuld sei an seiner Krankheit, weil er eine Sünde begangen habe. Die Krankheit sei so etwas wie eine Strafe Gottes. Weil Gott die Menschen liebt und Jesus Gott ist

und der Sohn des Vaters im Himmel, kann er auch mit der Kraft des Heiligen Geistes Sünden vergeben und die Menschen heilen (Matthäus 9,1–8; Markus 2,1–12; Lukas 5,17–26).

Am Ende seines irdischen Wirkens, nach seiner Auferstehung von den Toten, gab Jesus die Vollmacht, Sünden zu vergeben, an seine Apostel weiter: „Nehmt hin den Heiligen Geist! Welchen ihr die Sünden erlasst, denen sind sie erlassen; und welchen ihr sie behaltet, denen sind sie behalten!" (Johannes 20,19–23).

12. Die Speisung der Fünftausend:

! Die Menschen erhoffen sich von Jesus geistige und körperliche Nahrung. In der Bibel wird von zwei großen Massenspeisungen erzählt. Die Speisung der Viertausend und die Speisung der Fünftausend. In beiden Erzählungen wird davon berichtet, dass alle satt wurden und niemand von Jesus hungrig wegging.

Von der Speisung der Viertausend wird im Evangelium nach Matthäus im Kapitel 15,32–39, bei Markus 8,1–10 berichtet und von der Speisung der Fünftausend bei Matthäus 14,13–24; Markus 6,31–44; Lukas 9,10–17; Johannes 6,1–15.

! Ein kleiner Junge hatte fünf Brote und zwei Fische bei sich, die unter alle verteilt wurden *(Johannes 6,9)*.

! Als erstes Wunder gilt die Hochzeit von Kana, als Jesus Wasser in Wein verwandelte. Die Frau erzählt davon, dass sie damals zum allerersten Mal von Jesus und seinen Wundertaten gehört hat *(Johannes 2,1–12)*.

13. Der Einzug in Jerusalem:

! Der Palmsonntag wird so genannt, weil die Menschen bei Jesus Einzug in Jerusalem zur Begrüßung freudig Zweige schwenkten. Da Jerusalem im vorderen Orient liegt, in dem Palmen wachsen, schnitten sie auch Palmzweige ab. Heute noch werden am Palmsonntag vielerorts Palmzweige gesegnet und in Umzügen und Prozessionen in der Hand gehalten *(Matthäus 21,8; Markus 11,8; Johannes 12,13)*.

! Die Menschen riefen „Hosanna dem Sohne Davids". „Hosanna" ist ein Jubel- und Hilferuf und „Sohn Davids" nannten sie Jesus, weil er von dem großen jüdischen König David abstammte *(Matthäus 21,9; Markus 11,9; Johannes 12,13)*.

! Wie du auf dem Bild sehen kannst, ist Jesus auf einem
Esel in Jerusalem eingezogen *(Matthäus 21,1–11;
Markus 11,1–11, Lukas 19,28–40; Johannes 12,12–19)*.

! Viele Juden hofften, dass Jesus, der so wunderbare
Dinge vollbringen konnte, sie auch von der Herrschaft der
Römer befreien würde. Aber unter den Schriftgelehrten,
den Tempelpriestern und den sog. „Ältesten des Volkes"
gab es viele, denen gefiel es gar nicht, dass das einfache
Volk Jesus zujubelte und in ihm seinen Anführer, ja sogar
Herrscher und König sah. Sie sahen ihn als einen Scharlatan und Gotteslästerer an und befürchteten, dass er
ihre eigene Macht schwächen würde. Deshalb wollten
sie Jesus gefangen nehmen und umbringen *(Lukas 19,28–
21,4; Johannes 11,45–53)*.

14. Verrat und Tod:

! Judas hat Jesus verraten und die Soldaten zu Jesus geführt, damit er verhaftet werden konnte. Dafür bekam er
dreißig Silberlinge *(Matthäus 26,14–16; Markus 14,10 f.;
Lukas 22,3–6)*.

! Jesus ist nachmittags um drei Uhr gestorben, als Jakob
das Grollen hörte. Er starb gemäß der Bibel zur neunten
Stunde (gerechnet bei den Juden von Sonnenaufgang an,

also gegen 15 Uhr deutscher Zeit). In diesem Moment zerriss der Vorhang im Tempel. Der Tod Jesu wird im Evangelium des Matthäus im Kapitel 27,45–56 beschrieben, bei Markus im Kapitel 15,33–41, bei Lukas im Kapitel 23,44–49 und bei Johannes im Kapitel 19,28–30.

! Am Karfreitag gedenken wir der Kreuzigung und des Todes Jesu, am Ostersonntag feiern wir seine Auferstehung.

15. Die Emmausjünger:

! Der Fremde sprach ein kurzes Gebet, brach das Brot und teilte es mit ihnen, genau wie Jesus es immer beim Abendmahl mit den Jüngern getan hatte. Da erkannten sie ihn *(Lukas 24,30–31)*.

! Die beiden Jünger begegneten Jesus auf dem Weg nach Emmaus, einem kleinen Dorf in der Nähe Jerusalems. Deswegen werden sie „Emmausjünger" genannt *(Markus 16,12; Lukas 24,13–35)*.

! In der Bibel steht, dass Jesus in den Himmel auffährt. *(Markus 16,19; Apostelgeschichte 1,9–11)*